METTONS FIN
AU PRODUCTIVISME

AF748132

Questions contemporaines

Chômage, exclusion, globalisation… Jamais les « questions contemporaines » n'ont été aussi nombreuses et aussi complexes à appréhender. Le pari de la collection « Questions contemporaines » est d'offrir un espace de réflexion et de débat à tous ceux, chercheurs, militants ou praticiens, qui osent penser autrement, exprimer des idées neuves et ouvrir de nouvelles pistes à la réflexion collective.

Dernières parutions

Jean-Dominique SEVAL, *La fin de Babel et autres effets inattendus de la révolution numérique*, 2025.
Richard BATHOUM (dir), *Racisme institutionnel, école, police, entreprise*, 2025.
Marie-Madeleine DAMIEN, Patrimoine des conflits : Interprétation et réconciliation des mémoires, Vers l'éligibilité du champ mémoriel au Patrimoine mondial de l'Humanité, 2025.
Yves RAYNAUD, *Contre le pouvoir, Les Faiblesses des Hommes forts*, 2025.
Anna IGRANAÏSSI, *Instruire, manifester, démissionner*, 2025.
Jean Marc MONCORGER, *Intelligence artificielle et créativité humaine, Quelle créativité l'intelligence artificielle peut-elle développer ?* 2025.
Marie REETZ, *Le discours fasciste au Japon,1931-1945, « Forgez le corps et l'esprit »*, série communication, 2025.
Jean-Luc DUPRIEZ, *Construire un monde non capitaliste*, 2024.
Jean-Jacques MONNIER, *Un millénaire de pouvoir vertical, 987-1815, Histoire de la centralisation française*, Tome 1, 2024.
Jean-Jacques MONNIER, *Le jacobinisme : Une addiction française,1815-2025, Histoire de la centralisation française,* Tome 2, 2024.
Geoffroy BOYARD, Alexandre CANTONNET, Valentin CAQUOT, *Le rôle social de l'officier au XXIe siècle*, 2024.
Josyane STAHL, Jacques ALLAMAN, *Une certaine idée de la Russie. Plaidoyer pour un pays méconnu*, 2024.

Floyd Novak

METTONS FIN AU PRODUCTIVISME

Pour une transition écologique radicale

L'Harmattan

Du même auteur

NOVAK Floyd, *Pourq*uoi le smartphone fera échouer la transition écologique ?, Auray : Edevcom, 136 pages.

©L'Harmattan, 2025
5-7, rue de l'École-Polytechnique - 75005 Paris
www.editions-harmattan.fr

ISBN : 978-2-336-51229-7
EAN : 9782336512297

SOMMAIRE

Nous sommes venus, dirent-ils, vous prévenir de l'arrivée prochaine de l'ouragan,
de votre implacable adversaire.
Pas plus que vous, nous ne le connaissons
Autrement que par des relations et des confidences d'ancêtres.
Mais pourquoi sommes-nous heureux
incompréhensiblement devant vous et soudain pareils à des enfants?

Nous avons dit merci et les avons congédiés.
Mais auparavant ils ont bu, et leurs mains tremblaient,
et leurs yeux riaient sur les bords.
Hommes d'arbres et de cognée, capables de tenir tête à quelque terreur
mais inaptes à conduire l'eau, à aligner des bâtisses, à les enduire de couleurs plaisantes,
Ils ignoraient le jardin d'hiver et l'économie de la joie.

Certes, nous aurions pu les convaincre et les conquérir,
Car l'angoisse de l'ouragan est émouvante.
Oui, l'ouragan allait bientôt venir;
Mais cela valait-il la peine que l'on en parlât et qu'on dérangeât l'avenir?
Là où nous sommes, il n'y a pas de crainte urgente.
Notre héritage n'est précédé d'aucun testament.

René CHAR - poète de l'Isle sur la Sorgue - Les inventeurs - 1949

PREAMBULE

« C'est une triste chose de songer que la nature parle et que le genre humain n'écoute pas. »

Victor Hugo

Eschatologie écologique

La fin du monde est-elle toute proche ? L'espèce humaine est passée de 900 millions d'individus en 1800 à 7 milliards en 2012, année durant laquelle elle s'est appropriée plus d'un tiers de la production de biomasse continentale. Cela signifie qu'elle consomme une fois et demie ce que la planète peut fournir « durablement »[1]. Nos modes de vie, et plus concrètement celui des 500 millions les plus aisés, ont des conséquences qui semblent nous dépasser. La problématique qui semble centraliser l'essentiel des enjeux écologiques est le changement climatique.

Les concentrations de gaz à effet de serre sont aujourd'hui infiniment supérieures à celles de 1750, année marquant l'entrée dans l'ère industrielle. L'atmosphère contient 150% de méthane, 63% de protoxyde d'azote et 43% de CO2 supplémentaires[2]. La concentration de ce dernier est à un niveau inégalé depuis 3 millions d'années[3]. Les puits de carbone, à savoir les océans, les sols et les forêts, qui absorbaient jadis près de 50% du CO2 émis par les êtres humains, sont désormais émetteurs nets. Ainsi, non seulement ils ne remplissent plus leur rôle consistant à capturer du CO2, mais ils contribuent désormais au changement

---

[1] HABREL Helmut, « Quantifying and mapping the human appropriation of net primary production in Earth's terrestrial ecosystems », National Academy of Sciences of the USA, 2007, n°104, 6 pages.
[2] BONNEUIL Christophe, FRESSOZ Jean-Baptiste, *L'événement anthropocène*, Paris : Seuil, 2013, 304 pages.
[3] Idem.

climatique en relâchant une partie de leur stock. Les températures ont grimpé de 0.6 °C durant le XXème siècle et l'on prévoit jusqu'à 6 °C d'augmentation d'ici à la fin du XXIème. On suspecte l'existence d'un point de non-retour, la planète se dirigerait alors vers un nouvel équilibre bien plus chaud que tout ce que le genre humain a pu connaître[4].

Depuis 15 ans, on observe une progression des catastrophes naturelles partout sur la planète. Plus de 1100 ont été recensées en 2017 contre 599 en 2002.[5] On estime même qu'elles ont triplé depuis les années 1960[6]. Elles sont et seront donc plus nombreuses mais aussi plus virulentes, à tel point qu'en Europe la fameuse canicule de 2003, responsable de 70 000 victimes, se répètera un été sur deux de manière encore plus dramatique durant la seconde moitié du XXIème siècle[7]. Les températures de nos derniers étés, que nous qualifions de caniculaires, deviendront les plus douces. À Cuba, l'eau grignote la terre au rythme de 3.5 millimètres par an. En avril dernier, Tomas Escobar, le directeur de l'Agence Cubaine pour l'Environnement, a tiré le signal d'alarme : « *à ce rythme d'élévation du niveau de la mer, nous aurons perdu l'équivalent de 2700 km² de terre et 9000 habitations en 2050* », a-t-il déclaré à l'agence de presse Prensa Latina[8]. Cette invasion n'est pas anodine. « *Cette eau comportant différents degrés de salinisation, cela limite son utilisation comme eau potable pour l'irrigation des*

---

[4] Conférence de STEFFEN Will, « The Anthropocene : Where on Earth are we going ? », 10 janv. 2013, Berlin, Haus der Kulturen der Welt.

[5] Catnat.net, https://www.catnat.net/presentation-de-la-bd-catnat (consulté le 4 avril 2018).

[6] EDENHOFER Ottmar, « IPCC. Summary for Policymakers » dans « Climate Change 2014, Mitigation of Climate Change Contribution of Working Group III to the Fifth Assessment Report of the Intergovernmental Panel on Climate Change », University Press, 2014, 1454 pages.

[7] ROBINE JM., CHEUNG SL,, LE ROY S., VAN OYEN H., HERRMANN FR., « Death toll exceeded 70,000 in Europe during the summer of 2003 », *Les Comptes Rendus/Série Biologies*, 2007, 15 pages.

[8] LEFAUCONNIER Damien, « Montée des eaux : Cuba atteint déjà la côte d'alerte », Terra eco, novembre 2013, n°52, p. 16-19.

cultures et elle endommage les sols »[9]. Le phénomène est pire encore dans bien des pays, notamment au Bangladesh où 22 000 km² pourraient se retrouver sous les eaux et 18 millions de personnes chassées de chez elles[10].

Les craintes eschatologiques liées à un progrès technique incontrôlable ne datent pas d'aujourd'hui. En 1857 déjà, l'essayiste Eugène Huzar prédisait : « Dans 100 ou 200 ans, le monde étant sillonné de chemins de fer, de bateaux à vapeur, étant couvert d'usines, de fabriques, dégagera des billions de mètres cubes d'acide carbonique et d'oxyde de carbone, et comme les forêts auront été détruites, ces centaines de billions de tonnes d'acide carbonique et d'oxyde de carbone pourront bien troubler un peu l'harmonie du monde » [11]. En 1831, l'historien Jules Michelet faisait également part de ce qu'il percevait comme une véritable guerre : « Avec le monde a commencé une guerre qui doit finir avec le monde, et pas avant ; celle de l'*Homme contre la nature*, de l'esprit contre la matière, de la liberté contre la fatalité. L'histoire n'est pas autre chose que le récit de cette interminable lutte » [12]. Déjà au XVIIIème siècle, on s'inquiétait des conséquences d'une destruction de la nature et de la prolifération des villes[13].

L'impact du changement climatique sur la biodiversité est considérable. Un exemple parmi tant d'autres : les chenilles naissent plus tôt, ce qui rend plus difficile la survie des jeunes oiseaux. L'effondrement de la biodiversité provoquerait l'extinction d'un tiers de

---

[9] Idem.

[10] REKACEWICZ Philippe, « Impact of sea level rise in Bangladesh [Graphic] », GRID Ardendal, 2009.

[11] HUZAR Eugène, *l'Arbre de la science,* 1ère édition, Paris : Dentu, 1857, p.106.

[12] MICHELET Jules, *Introduction à l'histoire universelle,* 1ère édition, Paris, Hachette, 1831, p. 5.

[13] CORBIN Alain, *Le Miasme et la Jonquille*, 1ère édition, Paris : Aubier, 1982, 352 pages & BARLES Sabine, *La ville délétère. Médecins et ingénieurs dans l'espace urbain, 1ère édition,* Paris : Champ Vallon, 1999, 373 pages.

l'ensemble des espèces d'ici à 2070[14]. Les insectes, mais aussi de nombreux pollinisateurs, les abeilles, les bourdons, les papillons ou encore les coléoptères, font difficilement face aux nouvelles conditions climatiques. Même dans un scénario optimiste, il se pourrait que 12 à 39% de la surface du globe connaisse avant la fin du siècle des conditions climatiques auxquelles les organismes vivants actuels n'ont encore jamais été confrontés[15]. Ce sont pourtant les pesticides qui sont les plus meurtriers pour la biodiversité. Les populations d'oiseaux en subissent évidemment les conséquences ; leur déclin a déjà débuté, [16] comme l'avait annoncé Rachel Carson dans son ouvrage « Printemps Silencieux » au début des années 1960.

Pour toutes ces raisons et de nombreuses autres, plusieurs services écosystémiques sont d'ores et déjà grandement dégradés, que ce soit l'érosion, la régulation de la qualité et de la quantité de l'eau ou la pollinisation. Autant de raisons pour lesquelles Paul J. Crutzen propose de qualifier d'« Anthropocène » l'ère géologique actuelle, car elle est largement dominée par l'action humaine[17]. Cette réalité nous rappelle que nous ne vivons pas simplement une « crise écologique », le terme de « crise » sous-entendant qu'il s'agirait d'un phénomène temporaire. Or, il s'agit de conséquences qui s'étaleront sur le très long terme et qui ne nous permettront pas de connaître à nouveau le confort de l'holocène, l'ère géologique précédente. Ainsi, même si on peut considérer que la Terre n'a rien à craindre de l'effondrement de sa biodiversité et que seul l'Homme est menacé par ses propres actes, n'oublions pas que

---

[14] ROMAN-PALACIOS Cristian and WIENS John J., « Recent responses to climate change reveal the drivers of species extinction and survival », Université d'Oslo, 10 février 2020.

[15] BARNOSKY Anthony, « Approaching a state shift in Earth's Biosphere », Nature, 7 juin 2012, n°486, p. 52-58.

[16] Lefigaro.fr, http://www.lefigaro.fr/sciences/2009/06/10/01008-20090610ARTFIG00390-le-declindes-oiseaux-se-poursuit-en-france-.php (consulté le 27 août 2017).

[17] CRUTZEN Paul, « Geology of mankind », *Nature,* 3 janvier 2002, n°415, p. 23.

nous emporterons avec nous l'ensemble du vivant. Ainsi, « les traces de notre âge urbain, industriel, consumériste, chimique et nucléaire resteront pour des milliers, voire des millions d'années, dans les archives géologiques de la planète »[18].

Il est un autre aspect à ne pas négliger : celui de l'inégalité devant les conséquences du changement climatique. Il existe une très forte corrélation entre l'évolution des émissions de gaz à effet de serre et celle du PIB mondial depuis deux siècles. Il est indéniable qu'une société productiviste dérègle profondément les écosystèmes, notamment le climat. Cela signifie que les pays les plus riches contribuent davantage au phénomène. Pourtant, ce sont les pays du sud, en voie de développement ou pauvres, qui sont les plus touchés. L'Afrique serait ainsi responsable de moins de 4% des émissions de GES mais plusieurs centaines de millions de personnes supplémentaires y souffriront de pénuries d'eau du fait du changement climatique[19]. C'est une véritable injustice, exacerbée par la famine qui tue chaque jour 24 000 personnes dont 16 000 enfants. Nombre de pays d'Afrique, d'Asie et d'Amérique du Sud ne peuvent lutter du fait de leur endettement dramatique. Ils sont amenés à rembourser en moyenne 13 dollars pour chaque dollar reçu par le biais de l'aide au développement[20]. Il s'agit d'une véritable stratégie orchestrée par les institutions internationales telles que la Banque Mondiale, la conversion aux préceptes économiques du néolibéralisme devenant un impératif pour les pays souhaitant trouver des solutions de financements.

---

[18] BONNEUIL Christophe, FRESSOZ Jean-Baptiste, *L'événement anthropocène*, op.cit. p. 15.

[19] FIELD Christopher, BARROS Vicente, « Changements climatiques 2014 : incidences, adaptation et vulnérabilité », GIEC, 2014, 40 pages.

[20] DIAZ Philippe, *La fin de la pauvreté ?*, Cargo Films, 2010, 104 minutes.

Violences écologiques

Le modèle occidental a rencontré ses limites physiques : le changement climatique, l'érosion de la biodiversité et la raréfaction des ressources en sont les preuves les plus probantes. Chacun de ces phénomènes semble partager des origines communes. Parmi elles, l'exacerbation de la compétition entre tous les acteurs de la société et, tout particulièrement, entre les individus, semble occuper une place centrale. Un véritable darwinisme social semble alors se développer, nous rappelant en permanence l'insuffisance des ressources (travail, ressources naturelles, eau, etc.) et rejetant les perspectives de construction d'une société plus écologique et solidaire basée sur le partage et la solidarité. On le retrouve dans des formulations toutes faites telles que « la loi du plus fort a toujours dominé le développement de l'espèce humaine ! ». En fonction des régions du monde, cette concurrence face à la rareté prend des formes différentes mais elle joue en tout cas un rôle important dans la multiplication des conflits. Or, la distinction entre guerres climatiques et guerres classiques ne sera pas aisée car celles à venir tireront leurs origines de causes multiples et complexes parmi lesquelles les problèmes environnementaux constitueront bien souvent des déclencheurs essentiels. On prévoit une hausse des conflits armés de l'ordre de 54% d'ici à 2030, tout particulièrement en Afrique subsaharienne, dus entre autres à des tensions initiales, mais surtout à la baisse des précipitations et à la hausse des températures dans la région[21].

De nombreux exemples récents corroborent cela. Juste avant le génocide, le Rwanda présentait la densité de population la plus élevée d'Afrique. Le partage des richesses et des ressources devenait délicat dans ces conditions et beaucoup devaient survivre en trouvant des revenus complémentaires. La malnutrition progressait à

---

[21] BURKE Marshall, MIGUEL Edward, SATYANATH Shanker, DYKEMA John, LOBELL David, « Warming increases the risk of civil war in Africa », PNAS, n° 49, 23 novembre 2009, 6 pages.

grands pas et la société rwandaise présentait de nombreux aspects conflictuels[22]. Dans la région du Darfour (à l'est du Soudan), la population est globalement divisée en deux groupes : paysans sédentaires africains et éleveurs nomades arabes. Le changement climatique a provoqué une sécheresse et une raréfaction des terres arables. Les paysans ont fini par interdire l'accès à leurs terres aux éleveurs, empêchant ceux-ci de fréquenter les pâturages, ce qui a provoqué des famines, des violences et le conflit de 1984[23].

Au Proche-Orient, Israël, pays développé situé en milieu aride, est dépendante des ressources en eau, ce qui l'oblige à importer les 2/3 de sa consommation dont la moitié depuis la Cisjordanie et depuis Gaza, notamment du fleuve Jourdain qui traverse ensuite la Palestine. De ce fait, les Palestiniens n'ont accès qu'à 20% des ressources en eau présentes sur leur territoire, ce qui est insuffisant pour bénéficier du minimum vital. Le conflit israélo-palestinien présente donc toutes les caractéristiques d'une guerre de l'eau.

Au Soudan, le désert a gagné 100 kilomètres sur des terres fertiles en l'espace de 40 ans à cause de la diminution des pluies, de la hausse des températures et de l'abattage des forêts, ce qui fera chuter les rendements agricoles de 70% d'ici à 2060[24]. Tout cela entraîne des tensions internes extrêmement importantes. Selon le sociologue Harald Welzer, « Un regard vers le Soudan est un regard vers l'avenir »[25]. D'après le Programme des Nations-Unies pour l'Environnement (UNEP), il n'y aura jamais de paix durable dans ces régions du monde si les conditions environnementales ne s'améliorent pas.

Il est une autre guerre climatique qui ne dit pas son nom. Il s'agit des migrations dues à la dégradation et

---

[22] WELZER Harald, *Les guerres du climat*, 2nd édition, Paris : Folio, 2012, p. 227.
[23] Idem, p. 228.
[24] Idem, p. 230.
[25] Idem.

aux transformations de l'environnement. Bien des individus que l'on qualifie simplement de « migrants » sont en fait plus vraisemblablement, au moins partiellement, des réfugiés climatiques. D'ici à 2050, au moins 634 millions [26] pourraient quitter leur pays, généralement du sud vers le nord, pour fuir les conséquences du changement climatique [27]. L'Europe constitue l'une de leurs principales destinations. Entre 2014 et 2024, plus de 30 000 personnes ont péri en Méditerranée en tentant de la rejoindre[28]. Ayant recours à une agence privée pour protéger ses frontières des migrants[29] et ayant parfois passé des accords avec des états tampons, l'Union européenne les contraint indirectement à prendre toujours plus de risques. On pense notamment au recours à ces passeurs toujours plus nombreux et peu scrupuleux, prêts à proposer des embarcations vétustes et bien trop petites. L'Histoire nous rappelle par des centaines d'exemples que les déplacements de populations peuvent aboutir à des tensions, à des conflits et même à des génocides.

Ceux qui ont connu la faim savent qu'il n'y a pas de marge de manœuvre lorsque la quantité de nourriture quotidienne disponible ne répond plus aux besoins de l'organisme. Chaque fois que l'eau des océans envahit des terres, que le désert s'étend, qu'un glacier disparaît ou que des événements extrêmes se multiplient dans une région du monde, c'est autant de ressources essentielles qui s'évanouissent et autant de sources directes ou indirectes de violence. Les nécessités de la survie engendrent la surexploitation des terres restantes ou la déforestation et affaiblissent encore davantage les écosystèmes. Les totalitarismes et les génocides du

---

[26] BROWN Lester, « La fonte des glaciers pourrait provoquer des vagues massives de réfugiés climatiques », Earth Policy Institute, Extrait du Plan B 3.0, 2009.
[27] Précisons tout de même que ces chiffres varient grandement d'une estimation à l'autre. En outre, n'imaginons pas des millions de personnes sur les routes en même temps. Il s'agira probablement d'un phénomène s'étalant dans le temps.
[28]Fr.statista.com, https://urls.fr/qL91Tk (consulté le 07/11/2024).
[29] Une agence appelé « Frontex ».

siècle dernier ont montré au monde la vitesse à laquelle des malheurs peuvent permettre à un ensemble d'individus de trouver une identité et une cause communes les amenant à commettre des actions meurtrières et radicales. Les décennies à venir ne sont guère plus réjouissantes. S'il n'y a pas de conflits purement environnementaux, la dégradation de l'environnement agit systématiquement comme un déclencheur de violence. On peut s'attendre à des conflits liés à l'apparition de nouveaux gisements pétroliers issus de la fonte de l'Arctique et de l'Antarctique. Il existe effectivement des tensions entre la Chine, la Russie, les USA ou encore la Grande-Bretagne, cette dernière ayant déjà revendiqué un million de km² en Antarctique, suscitant ainsi l'ire de l'Argentine et du Chili[30]. Cela sans même parler des revendications du Président états-unien Donald Trump concernant le Groënland. L'épuisement rapide des réserves risque fort de provoquer des rivalités de plus en plus intenses et violentes. Le terrorisme pourrait demain tout aussi bien se nourrir de l'injustice climatique et de ses conséquences sur les pays les plus fragiles. Au final, les conflits à venir seront mondiaux, de classes, d'idéologies, et la compétition pour l'accès aux ressources naturelles en sera le catalyseur. Le monde de demain risque-t-il d'être un combat entre des formes d'écoterrorisme et des régimes de plus en plus autoritaires ? Si la fin du monde tel qu'on le connaît est probablement une évidence, tâchons d'éviter une fin du monde tout court.

[30] WELZER Harald, *Les guerres du climat*, 2nd édition, op. cit. 365.

INTRODUCTION

« Quand le vieux monde est en train de mourir, et que le nouveau monde tarde à naître, dans ce clair-obscur, naissent les monstres »

Antonio Gramsci

Ces dix dernières années, j'ai réalisé des milliers d'interventions d'éducation populaire à la transition écologique. Au cours de nombre d'entre-elles, j'ai eu l'occasion de mettre en garde sur le danger d'une pandémie de type zoonose qui pourrait survenir du fait de la dégradation des écosystèmes. Jamais je n'aurais pu imaginer que cet avertissement pourrait se transformer en cette réalité que nous avons tous amèrement goûtée. Il va sans dire que l'année 2020 portera les stigmates de la crise sanitaire et économique que nous traversons. Le danger demeure, la pandémie de Covid-19 pourrait n'être que le premier d'une longue série d'épisodes d'ampleur internationale. C'est au moment du second confinement en France que l'Intergovernmental Science-Policy Platform on Biodiversity and Ecosystem Services (IPBES) alerte à nouveau la communauté internationale en évoquant l'existence de centaines de milliers de virus inconnus, propagateurs potentiels de zoonoses à même de déclencher des pandémies si nous poursuivons le ravage des écosystèmes naturels[31]. Depuis 1940, on a pu remarquer l'apparition de centaines de microbes pathogènes dans des régions où ils n'avaient jamais été observés auparavant. Nous pouvons citer l'exemple du VIH (provenant du lentivirus du macaque), d'Ebola en

[31] Ipbes.net, https://ipbes.net/pandemics-marquee (consulté le 25/11/2020).

Afrique de l'Ouest ou de Zika en Amérique. La source de ces catastrophes est systématiquement la même : notre modèle économique et politique de prédation des ressources naturelles et du vivant.

Les changements climatiques liés à l'urbanisation, à la déforestation et aux très nombreuses pollutions aggravent encore la situation. La disparition ou la migration de très nombreuses espèces empêche « l'effet de dilution ». Celles-ci étaient en effet de très mauvais vecteurs de virus et nous protégeaient naturellement des risques de pandémie en limitant les transmissions. En outre, lorsque l'on fait disparaître les forêts, le ruissellement permet la formation de flaques favorables à la reproduction de moustiques potentiellement porteurs de certains pathogènes tels que le paludisme. Les moustiques porteurs seraient ainsi deux à trois fois plus nombreux dans les zones déboisées. L'absence de certains animaux régulateurs chassés de leurs habitats facilite la propagation des tiques, elles aussi vecteurs de pathologies. On peut également mentionner les effets de l'élevage industriel, de l'entassement des animaux, de leurs excréments, autant de conditions favorables à l'émergence et à la mutation de microbes (tel que la bactérie E coli). Loin d'établir ce sombre constat, la plupart des médias ont préféré proposer à des experts médiatiques d'interroger la population sur la crise économique à venir avec, à chaque fois, une question centrale : comment revenir à la croissance le plus rapidement possible ? À travers le monde, la même rengaine semblait sévir : l'individualisme, le retrait de l'État, la compétition et le darwinisme social seraient des parfaits régulateurs de l'économie. Cette idéologie porte un nom : le productivisme néolibéral que nous nous attacherons à caractériser. Déjà fragilisée par différents épisodes récents (mobilisation écologique, gilets jaunes, tendance électorale), l'idéologie néolibérale doit être combattue par les écologistes et les militants associatifs. Elle est responsable de l'accélération de la destruction écologique et de la pandémie du Covid-19. Elle a également réduit l'État à une peau de chagrin. En somme, sans services publics efficaces, en l'absence d'une véritable lutte contre les inégalités, en laissant quelques individus s'approprier l'essentiel des richesses, en poursuivant la destruction de nos écosystèmes, nous prenons le risque d'un effondrement sociétal et écologique.

Le second mandat du président de la République Emmanuel Macron est, sans nul doute, caractérisé par l'incertitude ressentie par nombre d'entre nous alors que l'extrême droite gagne systématiquement du terrain. Cette situation s'explique contextuellement par la précarisation du travail, la désorganisation de la vie, les inégalités, l'abandon des territoires par les services publics et ainsi un État qui semble n'exister que pour punir et prendre ce qu'il estime qui lui est dû. Le Rassemblement national (RN) n'a alors qu'à profiter de la situation en mettant en concurrence les plus précaires et en ayant recours aux stratégies les plus populistes. Pourtant, sa normalisation économique implique bien souvent une assimilation aux thèses néolibérales responsables de la situation sociale du pays. Plus pernicieux est le rôle que les partis politiques au pouvoir depuis des décennies tendent à vouloir faire jouer au RN en en faisant un épouvantail constamment pointé du doigt afin de s'assurer le "vote utile" des électrices et des électeurs et la défense d'un "pacte républicain" par les partis à gauche de l'échiquier politique. En 2024, Emmanuel Macron appelle cela « le bloc central, progressiste, démocratique et républicain ».

Pendant ce temps, les interrogations profondes que pose la situation écologique sont ignorées par un gouvernement et des élites économiques et médiatiques. Ils se contentent de considérer le technosolutionnisme comme le point d'orgue de la suite du projet capitaliste pour enfin faire converger sécurité et transition écologique[32]. Face à ces constats, il nous faut mettre en avant la responsabilité évidente de notre modèle de société dans la dégradation sociale, la destruction des écosystèmes, la diffusion de la pandémie ; rendons cette période productive pour faire naître de nouveaux

---

32 Lire « Pourquoi le smartphone fera échouer la transition écologique ? » aux éditions Edevcom du même auteur.

imaginaires et rappelons-nous sans cesse que le changement de société est avant tout une question culturelle. L'occasion est trop belle, ne la gâchons pas.

Désigner l'adversaire

Le néolibéralisme, doctrine économique généralement attribuée à l'économiste monétariste Milton Friedman, va amener la puissance publique à se cantonner à de rares interventions considérées comme « non-nuisibles pour l'économie ». Il accorde également une grande confiance au marché; celui-ci serait en mesure de s'autoréguler, corrigeant par lui-même ses propres limites. Au début des années 1980, avec l'arrivée au pouvoir de Ronald Reagan (USA) et de Margaret Thatcher (Grande-Bretagne), les mesures néolibérales se généralisent et assurent la continuité et la prospérité d'une politique productiviste, avant tout basée sur le progrès technique et une croissance économique supposée illimitée. Assimiler la foi dans le progrès à une croyance aveuglante, comme a pu le faire le philosophe Jacques Ellul dès 1954[33], doit désormais être une évidence pour toutes celles et ceux qui défendent un autre modèle de société. D'une part, l'accroissement de l'efficacité technologique dans l'utilisation d'une ressource naturelle ne réduit aucunement la demande pour celle-ci mais va au contraire l'accroître. D'autre part, l'accélération technologique entraîne une diminution de son coût et la demande, alors démultipliée, alourdit l'impact de sa consommation sur l'environnement[34]. Au final, le progrès technique, dans un monde productiviste où la hausse de la production est l'objectif principal, ne fait que hâter le déclin de notre civilisation. Il serait donc bon de se questionner sur le sens de ce développement technologique. L'industrie numérique contribue-t-elle réellement à nous rendre plus heureux ? Rien n'est moins sûr.

---

[33] Dans son ouvrage « La Technique ou l'Enjeu du siècle ».
[34] Phénomène étudié sous le nom de « paradoxe de Jevons » ou « effet rebond ».

Pour faire face aux enjeux écologiques et ne pas tomber dans le piège du néolibéralisme, le concept de développement durable n'est plus d'aucun secours. Dès 1987, le rapport Brundtland indiquait que « le développement doit répondre aux besoins de la génération actuelle sans compromettre ceux des générations suivantes ». Sa formulation initiale consensuelle lui permettait d'être accepté par tous et de s'adapter aux idéologies de tous bords. Même le Front National, dont la sensibilité écologique n'était pas la caractéristique principale, pouvait ainsi afficher sa position et sa volonté de protéger l'environnement pour répondre aux problématiques environnementales. Le collectif « Nouvelle Ecologie » militait ainsi pour que *« le développement durable appartienne à tous les Français et ne soit prisonnier d'aucun parti, d'aucun dogme... »* [35]. Autre exemple édifiant, la déclaration de l'ancien PDG de Total Fina Elf, Thierry Desmarest, qui considérait qu' « Avec quatorze ans de réserves pétrolières prouvées d'hydrocarbures, il nous faut en permanence reculer cette échéance d'extinction des réserves : la démarche de durabilité est donc bien au cœur de nos métiers »[36]. Les ressources naturelles ne constitueraient rien d'autre qu'un stock à gérer. Chaque acteur décrit le développement durable à sa façon, tant et si bien qu'une soixantaine de définitions coexistent[37]. De ce fait, nombreux sont ceux qui y adhèrent et le revendiquent. Institutions, partis politiques, associations et entreprises s'en nourrissent pour renforcer leur propre vision du monde. Ce concept cède désormais la place à celui de transition écologique. Suffit-il de modifier le vocabulaire utilisé pour provoquer le changement, si l'on reste fidèle à la même idéologie ? Rien n'est moins sûr. Si les anthropocentriques estiment qu'il s'agit avant tout de se focaliser sur le progrès humain pour contrôler et encadrer toujours plus la nature, les biocentriques, quant

---

[35] http://collectifnouvelleecologie.fr/, consulté le 1er novembre 2017.
[36] Lemonde.fr, https://urls.fr/ri9SEE (consulté le 21 mai 2022).
[37] LEININGER-FREZAL Carole et LEFORT Isabelle, Le développement durable et ses enjeux éducatifs : acteurs, savoirs, stratégies territoriales, Thèse, Université Lyon II, 2009, p. 41.

à eux, souhaitent penser la cause des problèmes et pas uniquement leurs conséquences. Il s'agit donc de ne plus considérer que l'être humain a la légitimité de détruire les autres espèces. Cette vision implique nécessairement de remettre en question le capitalisme mais aussi de ne pas le laisser définir le contenu réel de la transition écologique tout en s'appropriant les concepts qui avaient initialement pour objectif de le combattre. Au-delà de la privatisation des moyens de production, le capitalisme, c'est aussi la séparation de la production et de la consommation et la suppression de l'autoconsommation. Plus concrètement, c'est la généralisation de l'interdépendance entre tous les acteurs du monde contemporain.

Une autre voie

Reprenant l'idée initiale de l'écologie politique qui voit le jour en France dès le début des années 1970 grâce à l'influence de penseurs tels qu'Ivan Illich, Jacques Ellul ou André Gorz, nous considérerons ici qu'une transition sociétale n'est absolument pas envisageable dans une organisation capitaliste du monde, ni même dans un cadre productiviste. L'écologie politique propose donc une autre voie. Le mot « écologie » fut inventé dès 1867 ; il suggère que les êtres vivants composent tous ensemble un foyer (oïkos) au sein duquel il existe des connexions, des interactions et une symbiose complexes. Le mot « politique » (politikè) se réfère aux affaires de la Cité, plus concrètement, de notre société. Il s'agit ainsi de rassembler les terriens autour d'une question centrale : les conditions d'habitabilité de la planète Terre. L'écologie politique nous invite donc à penser la société de manière systémique, c'est-à-dire en corrélant les sujets et problèmes les uns avec les autres, et non de manière indépendante, tout en remettant à plat la manière de nous organiser et d'interagir avec le vivant. Elle ouvre la voie à une organisation basée sur le collectivisme qui se caractérise par la mise en commun des ressources, la solidarité absolue entre les membres de la société et un pouvoir décisionnel et exécutif pleinement assumé par la population.

Fort de cet ancrage philosophique, il nous faut imaginer une proposition politique permettant la mise en place d'une transition écologique capable de proposer un profond changement de modèle économique et politique. C'est la mission de cet ouvrage. À savoir que le terme de « transition » est utilisé par convenance ; il peut par exemple être remplacé par « bifurcation » si cela a votre préférence. Nous ne rentrerons pas ici dans des débats sémantiques de ces différents termes car là n'est pas l'essentiel. Quelle que soit la notion utilisée, il existe un véritable projet de société cohérent et applicable consistant à mener simultanément de profondes transformations de notre société dans le but de redéfinir clairement ce qui nous amène à faire civilisation. Le monde n'a jamais été aussi riche, il est temps de donner la priorité à d'autres indicateurs basés sur d'autres critères que la performance économique et l'accroissement des biens matériels. Tout se passe comme si l'on ignorait qu'au-delà d'un certain seuil, la croissance économique ne contribue plus au bien-être et à la progression de l'espérance de vie. Autrement dit, au-delà d'un certain niveau de richesse, la croissance ne fait plus le bonheur[38]. Or, ce seuil, nous l'avons d'ores et déjà dépassé. C'est la raison pour laquelle nous ne pouvons ignorer la nécessité d'un virage à 180 degrés, un changement profond de modèle. Nous choisissons ainsi ici de défendre une perspective résolument radicale. Ce mot n'est pas choisi par hasard. La radicalité c'est aller à la racine du problème, c'est considérer que ce qu'il se passe est grave et qu'un profond changement est nécessaire. Elle laisse une marge à la négociation tout en assumant des impératifs clairs qui mettent en évidence le nécessaire changement. Si les perspectives de solutions présentées dans cet ouvrage ne permettront pas de suffisamment définir l'orientation collectiviste de l'écologie politique, elles conserveront néanmoins cet objectif de radicalité en

---

[38] JACKSON Tim, *Prospérité sans croissance*, 2nd édition, De Boeck : Louvain-la-Neuve, 2017, 304 pages.

s'écartant pleinement des sentiers dessinés par nos sociétés capitalistes.

La transition écologique décrite ici s'articule en quatre objectifs distincts mais interconnectés. Il est d'abord indispensable de renverser la logique budgétaire et financière de l'État. Pour cela, il nous faut analyser la dette, ses origines et comment l'utilisation de l'argent public est devenue tabou. Il s'agit ensuite d'interroger l'ordre néolibéral et les indicateurs économiques qui en découlent, ce qui implique d'aborder des questions d'ordre éducatif et démocratique. La troisième étape traite de la production agricole et de nos habitudes alimentaires. Aujourd'hui, la ferme est une usine qui ne dit pas son nom ; les logiques de l'agriculture industrielle ne cessent d'aggraver le phénomène d'artificialisation et de privatisation du vivant. Le dernier volet porte sur l'énergie, sur l'utilisation de l'électricité ainsi que sur l'organisation de la mobilité moderne. Voiture individuelle, énergies fossiles et industrie nucléaire : un modèle bien trop souvent considéré comme une évidence par nos concitoyens comme si aucune alternative ne pouvait voir le jour.

Gardons une chose simple à l'esprit : l'espoir n'a pas disparu, il se transforme et se diffuse.

PARTIE I
RENVERSER LA LOGIQUE BUDGÉTAIRE ET FINANCIÈRE

CHAPITRE I : AUX ORIGINES DE NOS DETTES

« La difficulté n'est pas de comprendre les idées nouvelles mais d'échapper aux anciennes. »

John Maynard Keynes

Suite aux législatives de juin 2024, le refus de la nomination d'une Première ministre issue du Nouveau Front Populaire (NFP) par le président de la République et les différentes forces politiques conservatrices est justifié en ces termes par le chef du gouvernement démissionnaire Gabriel Attal du fait d'un risque de « *matraquage fiscal sans précédent* » et d' « *effondrement économique de notre pays* » en cas d'application du programme du NFP. Il nous faut définitif puis renverser cette vision dominante de la finance publique.

En 2022, la dette française représente environ 113% du PIB, soit presque 3000 milliards d'euros[39]. Le surendettement comme modalité de financement ne s'est imposé que lors du tournant néolibéral des années 1980. Celui-ci se caractérise par la limitation de l'interventionnisme d'État et par la priorité accordée au secteur privé sur le secteur public. Les propriétés du néolibéralisme sont parfaitement décrites par le « consensus de Washington ». Il s'agit d'un ensemble d'accords informels conclus durant les années 80 et 90 entre les firmes multinationales, les banques de Wall Street, la Réserve Fédérale des États-Unis et les organismes financiers internationaux. Il vise à

---

[39] Insee.fr, https://www.insee.fr/fr/statistiques/6678112 (consulté le 23 octobre 2023).

l'instauration d'une « *Stateless Global Governance* »[40], un marché mondial unifié et autorégulé dont les principes et les présupposés sont les suivants :

- ✓ Réformer la fiscalité en favorisant les plus riches afin d'encourager l'investissement (ces derniers étant censés investir en faveur de la croissance et donc de l'intérêt général et non pas consolider leur fortune).
- ✓ Libéraliser les marchés financiers afin d'accélérer le fonctionnement de la finance (facilitant ainsi tout projet entrepreneurial en permettant à chacun d'investir plus aisément).
- ✓ Privatiser massivement les entreprises publiques (car le privé sera toujours plus efficace et rentable que le public).
- ✓ Déréguler à grande échelle afin de supprimer les barrières non tarifaires (renforçant ainsi la concurrence internationale et maximisant la croissance mondiale).
- ✓ Limiter le déficit budgétaire de manière à obliger les États à appliquer les solutions néolibérales par manque de moyens financiers (parce que nous vivons au-dessus de nos moyens).

Des dépenses fortement contestables

La diminution des recettes n'est pas la seule cause de l'évolution dramatique de la dette française. Les 465 niches fiscales, également appelées « dépenses publiques », constituent un manque à gagner estimé à environ 94 milliards d'euros[41]. On qualifie de "niche fiscale" une dérogation législative offrant la possibilité à un contribuable de réduire le montant de ses impôts par rapport au cadre du régime général. Il s'agit en réalité de mécanismes qui visent à réduire l'impôt sans afficher de baisse générale ; ils sont plus simples à mettre en

---

[40] ZIEGLER Jean, *Les nouveaux maîtres du monde et ceux qui leur résistent*, 2nd édition, Paris : Seuil, 2003, 384 pages.

[41] Vie-publique.fr, https://www.vie-publique.fr/en-bref/289063-dispositifs-fiscaux-comment-mieux-evaluer-les-niches-fiscales (consulté le 23 octobre 2023).

place qu'une réforme fiscale profonde. On distingue deux types de niches :

-la niche dite « active » : elle encourage les détenteurs d'une épargne à investir dans certains domaines ;

-la niche dite « passive » : elle concerne des contribuables précis, et est généralement liée à leur secteur d'activité professionnelle.

Aujourd'hui, bien des niches constituent avant tout un moyen caché de rendre l'impôt sur le revenu dégressif pour les plus aisés. Effectivement, ces derniers investissent pour diminuer leurs impôts mais les sommes ainsi dépensées ne sont aucunement perdues. Si certaines niches sont utiles (dons aux associations), d'autres sont particulièrement discutables, notamment celle qui porte sur l'assurance vie et permet aux assurés ou à leurs héritiers de ne pas payer d'impôt sur les intérêts et les plus-values. Elle représente la moitié du budget du ministère de la justice chaque année ! L'on peut également évoquer les niches fiscales en lien avec la sauvegarde du patrimoine (particulièrement bien mobilisées suite à l'incendie de Notre-Dame de Paris) ou les dispositifs « logement »[42] (les propriétaires louant des logements dans des quartiers historiques et en outre-mer ont droit à des déductions dont le montant dépend de l'investissement réalisé) qui favorisent les grands propriétaires. Mise en place par le gouvernement de M. Manuel Valls (M. Emmanuel Macron était alors ministre de l'économie), la plus onéreuse était le Crédit d'Impôt pour la Compétitivité et l'Emploi (CICE); elle permettait à des entreprises d'alléger leurs charges, ce qui a représenté un manque à gagner de 41 milliards d'euros pour l'État en 2019. Peu après son adoption et suite à l'élection de M. Emmanuel Macron à la présidence, les contrats aidés ont été presque supprimés. En moyenne, un emploi aidé nécessitait un soutien financier à hauteur de 12 853 € en 2016 alors qu'en 2018, un emploi créé par le CICE coûtait 280 000

[42] Loi Malraux de 1962 et loi Pinel de 2014.

€ [43] ! Un signal fortement révélateur de l'ambition des gouvernements successifs, tandis que la dépense publique due aux niches fiscales ne fait que progresser au bénéfice des plus fortunés.

La gestion de certaines dépenses sociales doit également nous interroger ; celle, par exemple, de l'allocation au logement allouée par la caisse d'allocations familiales (CAF). En effet, si un bien se loue se loue 500 euros et que l'État attribue au locataire 100 euros d'aide au logement, son propriétaire va mécaniquement augmenter le loyer d'un montant équivalent à l'aide reçue de manière à maximiser son profit. Le résultat n'est jamais aussi simpliste mais c'est une tendance évidente. La concurrence pour la recherche de logements est si forte que les propriétaires ne prennent en fait aucun risque de la sorte. Si les loyers ne sont pas encadrés, la mise en place d'une aide au logement n'est ni plus ni moins qu'un simple cadeau du public au privé (aux propriétaires). Libéraliser un secteur en compensant par une aide aux classes sociales les plus fragiles ne constitue pas une solution viable. Une autre allocation se distingue par son mode de fonctionnement surprenant : les aides versées pour chaque enfant à charge, signe d'une politique nataliste exceptionnelle en Europe. L'État les attribue en fonction du revenu et du nombre d'enfants. On pense principalement à la prime à la naissance, à l'allocation de base, à l'allocation familiale (à partir de 2 enfants) et au complément familial (qui remplace l'allocation de base à partir de 3 enfants). La Caisse d'Allocations Familiales définissant un certain montant évoluant pour chaque enfant supplémentaire, ces sommes encouragent ainsi fortement la formation de familles nombreuses. Il n'est pas question ici de remettre en cause le principe des aides aux plus démunis. En revanche, il est surprenant de constater que ce soutien financier peut également être perçu par des foyers aux revenus confortables. Plus globalement, il semble important de réfléchir à la pertinence de telles politiques

---

[43] DUMAY Jean-Michel, « Haro sur les contrats aidés », Manière de voir, janvier 2018, n°156, p. 60-61.

natalistes alors que les problèmes environnementaux soulèvent des interrogations parfois pertinentes sur les évolutions démographiques.

Au-delà des niches fiscales ou de certaines allocations, d'autres dispositifs profitent avant tout aux plus fortunés. Des subventions sont allouées annuellement à la presse. Des magazines tels que « Valeurs Actuelles », « Paris Match », « Télé 7 jours », « Auto Moto », « Prions en Église » ou encore « Le journal de Mickey » reçoivent des dizaines de milliers d'euros par an car ils sont considérés d' « intérêt général ». Par contre, d'autres périodiques, pourtant indépendants, comme « Le Monde diplomatique », ne reçoivent, certaines années, plus le moindre euro[44]. Ils proposent pourtant un angle particulier et un regard éclairé, malheureusement peu répandus dans le monde médiatique, sur des thématiques essentielles. Nous pouvons ajouter à cela toutes les sommes perçues par le privé dans le cadre des PPP (Partenariats Publics-Privés) pour des grands projets répondant à une certaine vision de l'intérêt général. L'exemple des grands stades est à cet égard probablement le plus parlant. Certaines villes investissent énormément dans la construction d'un équipement qui ne leur appartiendra que des dizaines d'années plus tard. La ville de Nice a ainsi inauguré en 2013 l'Allianz Riviera (gérée par le groupe Vinci). Le stade coûtait 243 millions d'euros ; la crise des finances publiques ne permettant pas à la municipalité de le financer, celle-ci ouvrit un marché public qui fut aisément remporté par le groupe Vinci. La ville subventionne à hauteur de 69 millions d'euros puis versera annuellement 8 millions d'euros durant 27 ans, soit 285 millions d'euros au total, 42 millions de plus que la somme initialement prévue[45] ! De plus, elle ne deviendra propriétaire des installations qu'à la fin de cette période. Ce délai permet à Vinci de bénéficier des

---

[44] Liste disponible ici : https://www.data.gouv.fr/fr/datasets/aides-a-la-presse-1/

[45] LE FUSTEC Nolwenn, TANANT Loïc, Marchés Publics : le grand dérapage, Cash Investigation, 18 octobre 2016.

lieux afin de maximiser son profit (en proposant à ses clients de privatiser l'enceinte par exemple). L'on peut en outre se demander dans quel état sera l'Allianz Riviera dans un quart de siècle. Ici comme ailleurs, le PPP coûte bien plus cher aux pouvoirs publics que le prix réel de l'infrastructure. Néanmoins, les intérêts payés par la France chaque année en raison de sa dette publique sont bien plus coûteux encore. En près de 40 années, le pays a versé près de 2000 milliards d'euros d'intérêts[46] ! Un chiffre qui laisse songeur[47] devant les demi-mesures proposées par les gouvernements successifs pour réduire la dette publique. Ces initiatives sont en fait le signe d'une conversion totale au néolibéralisme et provoquent bien souvent une réduction du montant des finances publiques.

Des recettes fiscales constamment en baisse

Pour comprendre l'origine de la dette, il est impératif de se plonger dans le passé. Il n'est pas nécessaire pour autant de remonter très loin. Les États-Unis, pays libéral par excellence, avaient un taux d'imposition sur le revenu des plus fortunés d'environ 80% entre 1932 et 1980 ; il a même dépassé 91% dès années 1940 aux années 1960. Le « *Revenue Act* » du président Roosevelt visait en effet les revenus supérieurs à 200 000 dollars. Cela n'a pourtant pas tué le dynamisme états-unien car l'immense majorité des cadres et des entrepreneurs n'était pas concernée. En France, la dernière tranche proposait un taux bien plus élevé dans le passé. Elle était de 65% en 1986 contre 45% aujourd'hui. De la même façon, l'Impôt Sur la Fortune (ISF) s'est fortement transformé durant la dernière décennie. Il fut créé par le gouvernement Mauroy sous la présidence de François Mitterrand dans le but de financer le RMI (ancienne forme du RSA). Il concernait de moins en moins de foyers et son seuil a progressé maintes et maintes fois. Il était de 770 000 € en 2008 avant que le ministre du

[46] Fr.statista.com, https://urls.fr/7hq7Go (consulté le 07/11/2024).
[47] Plus encore si on calcul la dette du pays par habitant.

Budget François Baroin ne le fixe à 1 300 000 € en 2012. L'ISF a finalement été intégralement supprimé par le gouvernement du président Emmanuel Macron et remplacé par l'Impôt sur la Fortune Immobilière (IFI), bien moins intéressant pour les caisses de l'État. Un dernier exemple parlant est celui du taux d'imposition sur les sociétés, prélevé sur les bénéfices réalisés au cours d'un exercice annuel par les entreprises exploitées en France. Il était de 45% en 1984 et a diminué progressivement pour atteindre aujourd'hui 25%. Il s'avère qu'il existe une énorme disparité entre les sociétés du CAC 40 et celles qui n'en font pas partie. Les premières sont en effet capables de recourir à nombre de stratégies (niches, évasion et fraude fiscale, combinaison qu'on nomme communément « optimisation fiscale ») pour diminuer ce taux. Les grandes entreprises sont ainsi réellement taxées entre 0 et 16%, contre 22% au minimum pour les PME[48]. Environ un quart des sociétés du CAC 40 ne paie ainsi aucun impôt sur les bénéfices. Les entreprises étrangères ne sont pas en reste : Apple, Amazon et bien d'autres sont également concernées. Ces entités bénéficient de tous les avantages fournis par une société telle que la nôtre (travailleurs éduqués, soignés et productifs, grand nombre de consommateurs, protection juridique des marchandises...) sans fournir de contreparties (impôts, taxes...). Ces structures refusent de participer à l'intérêt général, qu'il s'agisse de la scolarisation de la jeunesse, de la santé des habitants ou des investissements stratégiques (énergies renouvelables, agriculture bio par exemple).

Au-delà des chiffres, qu'en est-il de l'opinion publique ? Les médias adorent mettre en avant le fameux « ras-le-bol fiscal » des Français. Déjà en 2013, dans un article publié par « Le Monde » sous le titre « Impôts : le désaveu des français »[49], 72% des sondés jugeaient le montant de l'impôt « excessif ». Les analystes n'hésitent jamais à rappeler à quel point la

---

[48]Lemonde.fr, https://urls.fr/1sHTyV (consulté le 26 août 2017).
[49]Lemonde.fr, https://urls.fr/Yhk307 (consulté le 26 août 2017).

France exerce sur sa population une pression fiscale importante. Pourtant, si l'on approfondit ce même sondage (ce qui est rarement fait par les commentateurs, dans cet exemple comme dans d'autres), 57% des Français estimeraient que le paiement de l'impôt relève d'un geste citoyen. Dans le même temps, entre 75 et 80% des personnes interrogées estiment les impôts les plus progressifs (ISF, tranches supérieures de l'impôt sur le revenu, impôts sur les sociétés) entièrement justifiés. Contrairement à ce que nombre de médias (du Figaro jusqu'à France 2 en passant par Le Monde) tentent de nous faire croire, il ne semble pas y avoir une hostilité généralisée vis-à-vis de l'impôt, de la redistribution ou des services publics.

On ne peut expliquer l'origine de la dette sans évoquer les sommes perdues du fait de la fraude et de l'évasion fiscale. La première consiste simplement à ne pas déclarer une partie de ses ressources financières dans le but de payer moins d'impôts, la seconde à déplacer l'activité ou le patrimoine d'une entreprise ou d'un particulier à l'étranger, généralement dans un « paradis fiscal ». On estime que recouvrer ces actifs permettrait de rembourser les trois quarts de la dette de l'ensemble des pays du monde [50]. Le scandale des « Panama Papers » de 2016 a révélé qu'onze millions de fiches d'évadés fiscaux provenaient d'un seul cabinet d'avocats situé dans un paradis fiscal[51]. Cette affaire a représenté des milliards d'euros de perte pour notre pays. Il ne s'agit pourtant que d'une goutte d'eau dans l'océan. La fraude fiscale représente un manque à gagner de 80 milliards d'euros pour l'État français [52] ; les estimations concernant l'évasion atteignent 600 milliards d'euros [53] ! À titre de comparaison, la fraude aux prestations sociales ne nous coûterait que 5,8 milliards

---

[50] Latribune.fr, https://urls.fr/CAUcLS (consulté le 26 août 2017).
[51] Lemonde.fr, https://urls.fr/3Sqr_n (consulté le 26 août 2017).
[52] Rapport du syndicat national Solidaires Finances Publiques, « Evasions et fraude fiscal, contrôle fiscal », Janvier 2013.
[53] PEILLON Antoine, *Ces 600 milliards qui manquent à la France,* 1ère édition, Paris : Seuil, 2012, 192 pages.

chaque année selon le rapport du Haut Conseil du Financement de la Protection Sociale[54]. Les responsables de cette fraude sociale sont pourtant bien plus ciblés par des mesures punitives et sont bien plus montrés du doigt. Cela est d'autant plus révoltant qu'ils vivent souvent en dessous du seuil de pauvreté.

Les résultats des dernières mesures mises en place par les gouvernements de M. Hollande ou de M. Macron ne semblent pas avoir inversé la tendance. La logique néolibérale dicte l'action de nos dirigeants et met en place des politiques publiques suivant le même principe éculé : « moins de charges sur le travail, moins de contraintes sur l'activité des entreprises et, en contrepartie, plus d'embauches et plus de dialogue social »[55]. Cette vision du monde ne jure que par la concurrence d'entreprises, censées devenir compétitives si elles paient moins de charges et d'impôts. Le néolibéralisme sous-tend chaque réforme du travail depuis les années 1980 et transparaît également dans la mouture 2017 de la Loi Travail. Alors que les réductions d'impôts pour les plus fortunés se multiplient, les gouvernements successifs des présidences d'Emmanuel Macron ont raboté les APL, sont revenus sur les contrats aidés (qui ont été une aide précieuse pour l'emploi au sein du monde associatif), ont fortement diminué la durée d'indemnisation des demandeurs d'emploi et ont même augmenté à nouveau l'âge de départ à la retraite. Cela fait 30 ans désormais que de telles décisions s'accumulent et fragilisent les pouvoirs publics. Nous avons mentionné l'évolution de l'impôt sur le revenu, celle de l'ISF et avons identifié la fraude et l'évasion fiscale comme étant à l'origine de la dette publique. Il reste à comprendre quelles sont les personnes à l'origine de cette situation.

---

[54] Haut Conseil du Financement de la Protection Sociale, « Lutte contre la fraude sociale : état des lieux et enjeux », juillet 2024, 238 pages.
[55] Vœux aux français de François Hollande – 31 décembre 2013.

Vrais et faux responsables

Crise des *Sub-Primes* : la situation en France est assez similaire à celle des États-Unis. Un rapport du ministère de la Justice de l'État de New York illustre parfaitement la situation au moment de la crise[56]. Lorsque les banques ont fait face à de fortes difficultés financières, elles ont continué à rémunérer grassement leurs dirigeants tout en organisant des licenciements et en acceptant les aides de l'État et des contribuables. Lors de la crise de 2008, bon nombre d'États, y compris la France, les ont renflouées massivement en injectant des dizaines de milliards d'euros afin d'éviter la faillite de plusieurs d'entre elles. Cela a grandement creusé les dettes publiques et les États européens, ne disposant alors pas de la possibilité d'emprunter auprès de la Banque centrale européenne (BCE), furent contraints d'avoir recours aux banques privées qu'ils venaient de sauver et qui pratiquent des taux d'intérêt bien plus élevés que ceux de la BCE[57]. Cela est d'autant plus révoltant que ces dernières empruntent constamment auprès de la BCE à des taux bien inférieurs à ceux qu'elles proposent aux États. La situation n'a pas changé et se répète année après année. Un exemple pour illustrer tout ceci : si nous (via la BCE) prêtons 1000 euros à une banque privée à un taux d'1%[58], cela lui coûtera 1010 euros ; si dans le même temps, la France emprunte 1000 euros à la même banque à un taux de 4%, cela lui (nous) coûtera 1040 euros[59]. Il est donc évident que les institutions publiques font constamment des « cadeaux » aux banques privées. Dans ces conditions, celles-ci sont toujours gagnantes et les dettes publiques ne peuvent que s'aggraver.

Les agences de notation ont sans aucun doute

---

[56] LEMAÎTRE Frederic, « Les États semblent impuissants face au retour des bonus », Lemonde, 11 août 2009.

[57] Depuis le Traité de Maastricht de 1992 pour lutter contre l'inflation.

[58] Lors de la crise de 2008, le taux était même de 0%.

[59] Il s'agit bien évidemment d'un exemple simpliste utilisé ici pour comprendre le procédé.

également leur part de responsabilité. Ce sont des entreprises privées qui fournissent aux investisseurs financiers une évaluation de la solvabilité des emprunteurs, notamment de celle des États ; elles ont progressivement été reconnues par les instances de régulation bancaire et par la BCE en particulier. Ces structures attribuent des notes qui vont modeler le montant des taux d'intérêt des prêts accordés. Leur existence et leur rôle posent plusieurs problèmes. En premier lieu, elles disposent d'un pouvoir gigantesque alors qu'elles n'ont aucune légitimité démocratique. Ensuite, elles évaluent leurs clients! Tout se passe comme si des restaurateurs rémunéraient eux-mêmes un guide touristique censé promouvoir les bonnes adresses. Il n'est donc pas étonnant qu'elles aient accordé les meilleures notes aux banques et aux fonds détenant les titres « pourris » qui allaient aboutir à la crise financière puis économique de 2007-2008. Enfin, elles appartiennent à de grands conglomérats prônant tous l'idéologie néolibérale. Warren Buffet[60], milliardaire britannique et magnat des médias, possède Moody's ; MacGraw Hill, grand éditeur de journaux du monde de la finance, détient Standard & Poors. De son côté, Fitch Rating est contrôlé à 66% par le milliardaire Marc Ladreit de Lacharrière. Les notes qu'elles attribuent aux États sont fonction des politiques menées par ces derniers, d'indicateurs économiques ou encore de la teneur du système de protection sociale. Elles renvoient à une norme néolibérale puisqu'elles dépendent de la maîtrise de la dette publique et du suivi de recommandations fidèles aux principes du consensus de Washington ; si un pays a de fortes dépenses sociales, cela aura un impact négatif sur sa note.

Lorsque l'on aborde le sujet des comptes publics, le débat se cristallise paradoxalement sur la responsabilité d'autres acteurs, notamment sur celle des allocataires bien que les bénéficiaires du revenu de solidarité active

---

[60] Célèbre pour sa formule : « La guerre des classes existe, c'est un fait, mais c'est ma classe, celle des riches, qui mène cette guerre et nous la remporterons. »

(RSA) ne coûtent que 10 milliards d'euros chaque année selon le comité d'évaluation du RSA[61]. Et cet argent est intégralement réinvesti dans l'économie. Les fraudeurs aux prestations sociales sont également considérés comme coupables. Ils font régulièrement la une des journaux : *« La fraude sociale : ce sport national qui plombe notre économie », « Fraudeurs de la Sécu. Ceux qui ruinent la France », « La France des assistés. Ces "allocs" qui découragent le travail »* [62]. Autant de formules qui détournent le regard de la population des véritables fautifs, cela tout en sapant la légitimité de la protection sociale, assimilée à une véritable passoire. En outre, diffuser l'idée selon laquelle les plus pauvres sont autant de parasites qui profitent de l'argent des contribuables (c'est-à-dire de chacun d'entre nous) conduit plus d'un million de personnes à ne pas faire valoir leurs droits, ce qui permet à la France d'économiser 12 milliards d'euros chaque année[63], un montant bien supérieur à celui de la fraude. Or, ce phénomène de non recours à un dû constitue l'argument principal des réformateurs libéraux souhaitant supprimer ces aides, un argument de plus en plus évoqué suite à la loi « Pour le Plein Emploi », qui oblige les bénéficiaires à 15 heures de travail hebdomadaire et qui porte une logique déconnectée de toute empathie envers la situation personnelle du demandeur. Loin d'être inutiles, les prestations et les aides sociales compensent les pertes de revenus éventuelles, limitent l'appauvrissement des populations et soutiennent la demande. Elles permettent de créer des emplois dans le secteur de l'économie sociale et solidaire et génèrent de la consommation. Celle-ci produit en retour de nouvelles recettes, par le biais de la cotisation et de la fiscalité dont

---

[61] Financespubliques.fr, https://urls.fr/S_pv9a (consulté le 27 août 2017).

[62] Respectivement Le Point, 8 décembre 2011 ; Le Parisien, 22 juin 2011 ; Le Point, 21 avril 2011 ; et Le Figaro Magazine, 5 mars 2011 et 4 juin 2011.

[63] ODENORE, *L'envers de la « fraude sociale », le scandale du non recours aux droits sociaux*, 1ère édition, Paris : La Découverte, Novembre 2012, 180 pages.

s'alimentent les budgets de la protection sociale. Le RSA ne permet pas à une famille de faire face à des dépenses basiques : logement, alimentation, énergie. Rappelons d'ailleurs que la France est loin d'être la plus généreuse en matière de minima sociaux puisqu'elle ne garantit que 45% du revenu médian pour un parent isolé avec deux enfants. En Suède, ce pourcentage atteint 55%, et même 70% au Royaume-Uni[64] !

Notons que les chômeurs sont visés de la même manière. Quant aux immigrés, ce sont probablement les boucs émissaires favoris des populistes. Ils seraient trop nombreux, incapables de s'intégrer et nous coûteraient cher. En 2023, ils représentaient 10,7% de la population en France contre 12% au Royaume-Uni, 13% en Allemagne et 14% en Espagne[65], chiffres qui n'ont guère évolué depuis 25 ans, même après la « crise » des migrants de ces dernières années. La question migratoire étant généralement reliée à celle de l'islam, précisons que 7% des Français sont de confession musulmane. Néanmoins, il ne fait aucun doute que l'intégration pourrait être plus performante. La faute revient en grande partie aux politiques urbaines et néolibérales qui ont favorisé la concentration des plus démunis (dont font partie l'essentiel des néo-arrivants). Or, l'entre-soi affaiblit l'acculturation et exacerbe les tensions, surtout dans une société qui vous montre du doigt constamment. Les indicateurs sont positifs malgré tout : adoption massive de la langue française, taux de fécondité proche de celui des Françaises, progression des mariages mixtes, intégration des pratiques culturelles[66]. C'est en fait l'intégration structurelle (accès à l'emploi, réussite scolaire...) qui est plus complexe. En ce qui concerne les coûts relatifs à l'immigration, le débat n'a pas lieu d'être. D'après Xavier Chojnicki[67], « l'impact de

---

[64] Lemonde.fr https://urls.fr/kxPYFx (consulté le 27 août 2017).

[65] Insee.fr, https://www.insee.fr/fr/statistiques/3633212 (consulté le 07/11/2024).

[66] Idem p. 24.

[67] CHOJNICKI Xavier, DEFOORT Cécily, DRAPIER Carine, RAGOT Lionel, RAPOPORT Hillel, « Migrations et protection sociale : étude sur les liens

l'immigration est neutre sur les budgets sociaux, voire relativement positif sur un horizon de cinquante ans » ; il estime que si la France adoptait le principe de « l'immigration zéro », il lui faudrait 5% de PIB supplémentaire d'ici à 2050 pour financer la protection sociale.

Il est impossible de désigner des responsables sans évoquer le fonctionnement du système et sans incriminer les pouvoirs publics. En France, le procureur ne dispose pas du pouvoir de lancer des poursuites en matière fiscale. Il ne peut agir qu'avec l'assentiment ou à la demande du ministère des finances : c'est le fameux « verrou de Bercy ». C'est là que le bât blesse. Sur 50 000 contrôles réalisés chaque année par les enquêteurs fiscaux, 16 000 débouchent sur des sanctions pécuniaires. Chacune de ces affaires devrait donner lieu à des poursuites judiciaires mais seules 4 000 sont transmises à l'échelle départementale. Ensuite, 1 000 dossiers parviennent à l'administration centrale et celle-ci n'en transmet qu'une partie à la Commission des Infractions Fiscales (CIF). Cette dernière opère une sélection finale à destination de l'autorité judiciaire et il ne reste alors qu'une poignée de dossiers sur les 16 000 qui étaient susceptibles de faire l'objet de sanctions[68]. Comment ne pas penser que tout ceci est le résultat de choix politiques ? On peut probablement incriminer une justice de classe, notamment lorsque les pouvoirs publics font le choix de la conciliation avec les fraudeurs. En 2009, par exemple, Eric Woerth, alors ministre des finances, a reçu une liste de comptes non déclarés en Suisse, une fraude on ne peut plus simple à établir. Pourtant, sur 2 846 individus et 86 sociétés concernés, à peine une centaine de personnes morales et physiques ont été poursuivies en justice. Le ministre a simplement mis sur pied une cellule permettant aux contribuables

---

et les impacts de court et long terme », Lille : Laboratoire Equipe, Universités de Lille, 2010, 205 pages.

[68] JOLY Eva, « Au-delà des révélations des « Panama papers » : Pour en finir avec l'impunité fiscale », Le Monde diplomatique, n°747, juin 2016, p. 21.

fautifs de rapatrier leurs avoirs dissimulés ; les pénalités prévues leur ont évité une condamnation pénale qui aurait pu leur valoir de lourdes amendes, voire des peines d'emprisonnement. Un autre critère révélateur est celui de l'évolution des effectifs. En effet, le nombre de juges d'instruction au pôle financier de Paris a fondu : on en comptait vingt-sept en 2001 et seulement huit en 2012. De manière plus générale, la France compte presque deux fois moins de juges que la moyenne européenne[69]. Par ailleurs, depuis 2009, la direction générale des Finances publiques a perdu 30 000 agents soit un quart de ses effectifs, dont nombre d'enquêteurs fiscaux[70]. Les présidences de Jacques Chirac, de Nicolas Sarkozy et d'Emmanuel Macron sont les grandes responsables de cette incapacité croissante à combattre la fraude.

Le mouvement des gilets jaunes, à la fin de l'année 2018, a mis l'accent sur ce que les médias appellent généralement le « ras-le-bol fiscal ». Le président de la République, M. Emmanuel Macron, a alors été forcé d'effectuer un certain nombre d'annonces comme l'exonération des heures supplémentaires. Au même moment, le Sénat mettait fin à *l'exit tax*, censée dissuader les exilés fiscaux et qui rapportait 6 milliards d'euros selon Bercy[71]. En somme, si les citoyens se plaignent d'une injustice fiscale, c'est bien de celle issue d'une politique qui ponctionne les classes moyennes et les plus fragiles à défaut de cibler les plus nantis.

---

[69] Commission européenne pour l'efficacité de la Justice, « Systèmes judiciaires européens Rapport d'évaluation de la CEPEJ », 22 octobre 2024, 140 pages.
[70] Aefinfo.fr, https://urls.fr/cZ6Yr- (consulté le 07/11/2024).
[71] Lemonde.fr, https://urls.fr/D0ooA2 (consulté le 20 décembre 2018).

CHAPITRE II : PRENDRE L'ARGENT LÀ OÙ IL EST

« On ne peut résoudre un problème avec la méthode de penser qui l'a fait naître »

Albert Einstein

Il est impératif de rendre audibles des alternatives sociétales à la logique néolibérale. Pour cela, des moyens financiers sont nécessaires. Les conséquences de la diminution constante des recettes publiques telle que décrite précédemment affectent l'ensemble des aspects de notre société. Cela a un impact durable sur la qualité de nos hôpitaux, sur notre système scolaire ou sur celui de notre modèle de mobilité (SNCF par exemple), sur le fonctionnement de la justice... Certains juristes estiment que 60 à 80 % des affaires de viol ne seraient pas examinées par les cours d'assises mais par les tribunaux correctionnels et donc non considérées comme des crimes mais comme des délits[72]. Cette dérive choquante est due à l'encombrement de la justice et à la diminution constante des moyens qui lui sont alloués. Malheureusement, il ne s'agit que d'un exemple de dommages collatéraux parmi tant d'autres.

[72] BODINEAU Bertille, « Les viols et les agressions sexuelles jugés en 2013 et 2014 en cour d'assises et au tribunal correctionnel de Bobigny », observatoire des violences envers les femmes du conseil départemental de la Seine-Saint-Denis : tribunal de grande instance de Bobigny, mars 2016, 3 pages.

Vers une fiscalité équitable

Le principe de solidarité nationale qui voudrait qu'une personne aisée paie davantage d'impôts qu'un citoyen de la classe moyenne est de moins en moins respecté du fait des réformes fiscales successives. Les taux d'imposition des hauts revenus diminuent constamment tandis que les dispositifs pour réduire le montant de leurs impôts ne cessent de se multiplier (À titre d'exemple, la très éphémère, symbolique et contestée « taxe à 75% » de François Hollande a rapporté 210 millions d'euros[73].) Revenir sur des décennies de cadeaux fiscaux aux plus fortunés fait craindre une fuite des capitaux aux pouvoirs publics. Le recours au prélèvement à la source éviterait un essor de l'exil fiscal. Toute personne (morale ou physique) gagnant de l'argent grâce à des consommateurs français devrait payer des impôts en France. Des documents comptables d'entreprise vérifiés rendraient la dissimulation des revenus bien plus complexe pour un PDG du CAC40. Par ailleurs, il ne fait désormais aucun doute qu'il n'existe aucune corrélation entre le niveau moyen d'imposition et l'étendue de la fraude. La solidarité nationale est avant tout une affaire de perception positive ou négative des institutions et des services publics[74]. La transition financière aura donc également pour défi d'améliorer la perception de l'impôt par les citoyens.

La lutte contre la fraude et l'évasion fiscales devra être la priorité. Chaque année, l'État parvient à récupérer des sommes conséquentes issues de l'évasion[75]. Aller plus loin avant même de recourir à des accords internationaux contraignants est possible pour peu que les moyens soient mobilisés (pour combattre l'évasion fiscale et l'organisation de la lutte). Dans ce registre,

---

[73] Leparisien.fr, https://urls.fr/IIBpOS (consulté le 27 août 2018).

[74] OCDE, « Quels sont les déterminants du civisme fiscal ? », Fiscalité et développement, mars 2013, 20 pages.

[75] Economie.gouv.fr, https://www.economie.gouv.fr/lutte-contre-fraude-evasion-fiscales/lutte-contre-evasion-fiscale (consulté le 27 aout 2017).

l'Islande est exemplaire. Suite à la crise et à l'effondrement bancaire de 2008, ses citoyens ont informé le gouvernement par référendum qu'ils ne cautionnaient pas le sauvetage des banques. Pour retrouver les coupables à l'échelle nationale, une enquête a été lancée, suivie de perquisitions dans des banques islandaises partout en Europe, permettant la condamnation de plusieurs responsables de haut niveau (directeurs financiers, présidents-directeurs généraux, avocats, actionnaires et même hauts fonctionnaires). L'Islande est le seul pays à avoir choisi cette stratégie alors que le Royaume-Uni, la France et l'ensemble des gouvernements du monde ont consacré l'essentiel de leur capacité d'action à sauver les banques et surtout à empêcher la mise en cause des dirigeants. Que faire face à cette politique de l'autruche ? Pourtant, remettre en question le système décrit dans le chapitre précédent en supprimant le fameux « verrou de Bercy » ainsi que la Commission des Infractions Fiscales afin d'éviter le recours à un maximum d'intermédiaires inutiles, raccourcirait les délais qui permettent bien souvent aux responsables de dissimuler les preuves et apporterait de la transparence. Face à l'ampleur du problème et à l'importance des montants en jeu, la Brigade Nationale de Répression de la Délinquance Fiscale ne peut traiter que 10% des affaires susceptibles d'impliquer des poursuites[76]. Ne faut-il pas augmenter concrètement ses moyens d'agir ? L'investissement visant à renforcer les moyens humains et financiers aura rapidement un impact positif sur le budget. Il s'agit de décisions nécessitant une volonté politique forte dans un souci d'exemplarité et de justice sociale. Le non-respect de la loi exige des sanctions et il paraît légitime d'interdire (temporairement ou non) toute activité de conseil financier aux établissements bancaires coupables de malversations.

La troisième et dernière grande catégorie de réformes à lancer en matière de fiscalité concerne les « dépenses

[76] JOLY Eva, « Au-delà des révélations des « Panama Papers » : Pour en finir avec l'impunité fiscale », op. cit. p. 21.

fiscales » ou « niches fiscales ». Rappelons que ces dispositifs représentent un manque à gagner annuel de plus de 94 milliards d'euros pour l'État. Si le recours aux niches fiscales n'est pas à remettre en cause car il permet bien souvent d'encourager des activités d'intérêt général, un grand nombre d'entre elles sont fortement contestables. L'effet mille-feuilles et l'empilement de plusieurs dispositifs a créé un système complexe, instable et souvent injuste. Cela est d'autant plus inacceptable que les rares études sur le sujet ne démontrent pas leur efficacité. Ces rapports[77] dénoncent leurs coûts et leurs effets collatéraux pervers. D'après l'économiste Thomas Piketty, les plus riches paient proportionnellement moins d'impôts que les catégories populaires et que les classes moyennes grâce aux niches dont ils bénéficient aisément. La logique constitutive de notre société est donc inversée[78]. Pour Vincent Drezet, du syndicat Solidaires Finances Publiques : *« Les outils d'optimisation fiscale et de défiscalisation rendent l'impôt sur le revenu dégressif pour les contribuables les plus riches. Comment voulez-vous que le sentiment d'injustice fiscale ne soit pas aussi prégnant dans notre pays ? »* [79] . Plusieurs solutions sont envisageables, notamment le plafonnement. L'ensemble des niches fiscales auxquelles un ménage a recours ne devrait pas permettre de diminuer le montant de ses impôts au-delà de 10 000 € ou de 50% du total dû. Certaines sont d'ores et déjà soumises à une telle règle mais il n'existe aucune harmonisation sur l'ensemble des dispositifs de réduction de l'imposition. Il est impératif de mener un programme de révision de ces niches. Celles qui ne seraient pas efficaces ou trop injustes seraient

[77] Comité d'évaluation des dépenses fiscales et des niches sociales, « rapport du comité d'évaluation des dépenses fiscales et des niches sociales », juin 2011, 356 pages.

[78] LANDAIS Camille, PIKETTY Thomas, SAEZ Emmanuel, *Pour une révolution fiscale. Un impôt sur le revenu pour le XXIe siècle,* Paris : Seuil, 2011, 144 pages.

[79] Lemonde.fr, https://www.lemonde.fr/argent/article/2013/11/29/la-magie-des-niches-fiscales-ou-comment-faire-disparaitre-l-impot_3522609_1657007.html (consulté le 27 août 2017).

supprimées ou réformées. Il est tout de même paradoxal de constater que beaucoup estiment que nous vivons « au-dessus de nos moyens » et qu'il faut une « gestion rigoureuse des fonds publics » alors que l'on conserve des dispositifs avant tout destinés aux plus fortunés d'entre nous. On peut raisonnablement espérer des recettes supplémentaires équivalentes à 30 milliards d'euros grâce à de telles décisions.

Redonner sa place au secteur public

Certaines mesures doivent être mises en place non seulement pour augmenter les recettes mais également pour rétablir l'équilibre des pouvoirs. Il n'est pas normal que des entreprises disposent d'un chiffre d'affaires supérieur au PIB de certains pays. Il n'est pas non plus souhaitable que leurs dirigeants aient plus de pouvoir que les élus du fait de leur poids économique et du chantage à l'emploi auquel ils peuvent avoir recours. L'une des propositions les plus courantes concerne la taxation des transactions financières. Elle fait, à juste titre, couler beaucoup d'encre ; la bourse mondiale représenterait en effet 60 fois le montant du PIB de la planète. Si la France décidait de créer un organisme dédié à l'enregistrement des transactions et à la récupération d'une taxe de l'ordre de 0,01% à 0,1%, elle lèverait environ 12,5 milliards d'euros, soit davantage que les économies réalisées par l'ensemble du plan d'austérité de 2011. Le montant de la taxe étant particulièrement faible, les investisseurs ne seraient aucunement tentés de l'éviter[80].

L'Impôt sur les Sociétés est un autre aspect sur lequel il faut faire évoluer la législation fiscale. Il serait logique que les plus gros paient davantage que les plus petits. On peut donc imaginer la mise en place d'un système de tranches augmentant l'imposition des bénéfices au-dessus d'un million d'euros (50%) ainsi qu'au-dessus d'un milliard (66%). Prenons l'exemple de Total : étant

[80] SCHEPMAN Thibaut, « Taxe Tobin : et si la France montrait (vraiment) l'exemple ? », Terra eco, novembre 2011, n°30 p. 32-33.

donné ses milliards de bénéfices, les sommes dégagées chaque année seraient impressionnantes. Ainsi, rien que sur les entreprises du CAC 40, cette évolution rapporterait à minima 25 milliards d'euros par an[81]. Il s'avérerait alors nécessaire de mettre en place des plafonds de défiscalisation afin d'éviter que ces nouveaux taux ne fondent, eux aussi, comme neige au soleil. Cette solution aurait également l'avantage d'empêcher certaines entreprises de croître sans aucune limite. Il faut également inverser la tendance en permettant aux États de s'endetter directement auprès de la BCE, un privilège réservé aux banques privées. Il n'est plus admissible que l'ensemble des citoyens continue de payer des intérêts bien supérieurs à ceux des banques en étant les seuls débiteurs de la BCE. De cette manière, on pourrait réaliser des économies colossales tout en diminuant le pouvoir d'influence des banques et de leurs plus gros clients qui sont souvent les financeurs d'un lobbying intense dans de nombreux domaines ne relevant généralement pas de l'intérêt général. Nous devons nous libérer de l'assujettissement aux grandes fortunes en cessant de financer toutes nos réformes par un endettement supplémentaire.

Pour faire face à certains comportements contre-productifs (exil fiscal, délocalisation massive, chantage à l'emploi…), l'État peut, à tout moment, nationaliser une entreprise. La nationalisation n'a jamais été le seul fait des régimes communistes ; de nombreuses organisations sont encore détenues par l'État, même si la logique de privatisation ne faiblit pas. La gestion publique de l'énergie, de la santé, de l'eau ou encore du transport ferroviaire devrait être sauvegardée à tout prix car ces domaines relèvent de l'intérêt général. Gérer de telles entreprises permet aux pouvoirs publics de mener des réformes bien plus efficaces. L'on pourra difficilement renforcer la prise en charge des patients dans les hôpitaux si la santé relève de plus en plus du

---

[81] Lesechos.fr, https://www.lesechos.fr/07/03/2014/LesEchos/21642-126-ECH_les-entreprises-du-cac-40-cumulent-pres-de-50-milliards-d-euros-de-benefices.htm (consulté le 27 août 2017).

secteur privé. L'objectif d'une entreprise étant effectivement de dégager un maximum de bénéfices, elle cherchera alors à réduire les dépenses et à augmenter les recettes. Or, ce fonctionnement ne peut être pertinent dans une optique de garantie de l'intérêt général puisque la réduction des dépenses et la pression de la concurrence influenceront grandement la qualité du service. Cela est non seulement vrai dans le secteur de la santé (que penser d'une lutte concurrentielle entre deux chirurgiens ?) mais également dans celui des transports (suite aux pressions de l'Union européenne pour accroître la concurrence au sein du secteur ferroviaire, la SNCF abandonne de plus en plus de lignes peu fréquentées et donc peu rentables) ou même dans celui de l'énergie (le charbon est l'énergie la plus compétitive : doit-on généraliser son utilisation sur l'ensemble de la planète ?). Il est aussi plus difficile de renforcer le rôle des transports ferroviaires et fluviaux face au routier et à l'aérien si toutes ces activités sont uniquement prises en charge par des sociétés privées. Nationaliser représenterait en outre des recettes supplémentaires pour l'État. À titre d'exemple, avant leur délégation totale en 2005 pour 11 milliards d'euros, les autoroutes françaises rapportaient chaque année 1 milliard d'euros à l'État. Dans un autre domaine, en mai 2010, le gouvernement ouvre les jeux de hasard et les paris sur internet à la concurrence. De nombreuses études vont alors pointer du doigt une évolution inquiétante des comportements d'addiction sur le net[82]. Dans les deux cas et dans bien d'autres, les acheteurs sont de riches oligarques tels que les familles Bouygues et Bolloré.

Analysons maintenant le manque d'efficacité supposé du secteur public, critique récurrente visant à appuyer un projet de privatisation. Nombreuses sont les anecdotes de clients se plaignant de leurs déboires avec la SNCF, les cheminots étant souvent considérés comme

---

[82] Mark Griffiths, « Gambling online — problem gamblers more susceptible, research shows », Nottingham Trent University, 16 septembre 2009.

les fautifs. Le terme d' « efficacité » est assez flou. S'agit-il du tarif proposé à l'usager ? Contrairement aux considérations des théories libérales, le secteur privé ne propose que rarement des tarifs inférieurs à ceux du secteur public car il doit nécessairement dégager un bénéfice. Qu'il s'agisse des écoles ou des cliniques privées, il est avéré que leurs services sont bien plus onéreux. Cela est également vrai dans des secteurs comme celui de la construction où les pouvoirs publics ont de plus en plus souvent recours au Partenariat Public Privé. Selon la Cour des Comptes, l'édification d'une maison d'arrêt coûte 34% de plus lorsqu'elle est confiée à des groupes comme Bouygues ou Vinci[83]. Il s'agit donc de pertes colossales à la charge du contribuable. Une simple comparaison des prix pratiqués ne permet donc pas d'évaluer l'efficacité. S'agit-il de la qualité du service ? Il faudrait être de mauvaise foi pour nier que les horaires de certaines structures publiques (Poste, mairies...) ne sont guère accessibles pour bon nombre d'actifs. Cette réalité, dans un contexte de constantes fermetures de guichets, n'est pourtant pas un signe d'inefficacité mais bien le symptôme flagrant de la réduction constante des dotations de l'État et du manque de moyens des collectivités et des services publics territoriaux.

Faut-il remettre en cause les résultats obtenus ? Dans nombre de cas, ceux du secteur public dépassent ceux du secteur privé. L'exemple du placement des chômeurs en difficulté est particulièrement parlant. France travail (anciennement Pôle Emploi) sous-traite une partie de l'accompagnement de ses chômeurs à des structures privées. Celles-ci obtiennent pourtant des résultats inférieurs à ceux de son service renforcé. L'opérateur public obtient même un taux de retour à l'emploi supérieur de 8 points en moyenne ![84] Terminons par

---

[83] Cour des comptes, « La politique immobilière du ministère de la justice : mettre fin à la fuite en avant », décembre 2017, 171 pages.

[84] Direction des études et de l'évaluation, « L'accompagnement renforcé des demandeurs d'emploi : évaluation du recours aux opérateurs privés par Pôle emploi de 2009 à 2011 », Les cahiers études, Dares : Pôle Emploi, n°15, janvier 2013, 92 pages.

l'exemple le plus édifiant : le système de santé des États-Unis, essentiellement basé sur le recours à des acteurs privés, souffre de la comparaison avec son homologue français. L'espérance de vie moyenne des femmes en France est de 82 ans et stagne ou progresse chaque année lorsque celle des États-Unis n'est que de 79 ans et diminue depuis 2013[85]. De plus, leur taux de mortalité infantile est de 6,5 pour 1000 naissances, le plus élevé parmi les pays riches[86]! Même si ces chiffres ne reflètent pas seulement le système de santé et la prise en charge médicale mais renvoient également aux modes de vie, il est indéniable que l'accessibilité aux traitements médicaux a des conséquences importantes, analyse confirmée par le fait qu'un très grand nombre d'États-uniens renonce à des soins faute de revenus suffisants. Il est donc clair que le système de santé états-unien est défaillant, le pays occupe d'ailleurs une position bien en deçà de la moyenne des pays riches pour la plupart des indicateurs de santé. La France emprunte malheureusement le même chemin, comme l'illustre la dégradation des conditions d'exercice des hôpitaux. Ces démonstrations nous ont permis de mettre en évidence la pertinence du secteur public et l'importance de la lutte contre la privatisation à outrance.

Un État actif sur les marchés

Ce que l'on appelle les « communs », ces ressources naturelles ou sociales nécessaires à une bonne qualité de vie, devraient être conservés dans le giron de l'État ou, le cas échéant, nationalisés. Une trajectoire coopérative pourrait également être envisagée afin de penser une gouvernance à l'échelle du territoire tout en mettant les citoyennes et citoyens autour de la table. Il s'agit par exemple :

---

[85] Who.int, http://www.who.int/news-room/detail/19-05-2016-life-expectancy-increased-by-5-years-since-2000-but-health-inequalities-persist (consulté le 27 août 2017).

[86] UNICEF, WHO, World Bank, UN DESA Population Division, « Levels & Trends in child mortality », Report 2015, 2015, 36 pages.

- Des transports : la SNCF, bien sûr, mais aussi les autres sociétés de transports en commun telles que les lignes de bus ou les réseaux urbains comme la RATP ou le SYTRAL.

- De l'eau et des forêts : des entreprises comme Volvic ou Cristalline ne devraient pas pouvoir s'approprier des sources. Nos forêts devraient également demeurer dans le domaine public ; près de 70% de la forêt appartient à des propriétaires privés ! Il devient de plus en plus complexe pour les promeneurs et les randonneurs d'y avoir accès.

- De l'énergie : ce secteur essentiel doit rester hors de portée des intérêts privés. Le choix des sources énergétiques a des répercussions colossales sur nos sociétés (changement climatique, pollution de l'air, risque de marées noires...) ;

- De la poste et de l'éducation : elles seront ainsi neutres et plus efficaces.

Gardons à l'esprit que la dette écologique ne se rembourse pas. Un dernier principe consisterait donc à pénaliser les activités polluantes et à valoriser les alternatives écologiques en prenant économiquement en compte les externalités, celles-ci étant définies comme *« un effet créé par un agent économique lorsqu'il procure à autrui par son activité une utilité, un avantage gratuit ou une désutilité, un dommage, sans compensation monétaire »*[87]. Le but serait de mettre en avant le fait que le coût d'une marchandise ou d'une activité économique ne se réduit pas à des aspects purement monétaires. Ainsi, la prise en compte des externalités devrait permettre de taxer les activités polluantes à la hauteur des dégâts causés. À l'inverse, les externalités positives pour l'environnement et la santé de la population seraient subventionnées. L'objectif ne serait pas seulement financier, ce procédé encouragerait en effet l'ensemble des acteurs économiques à abandonner les produits ainsi taxés et favoriserait ceux qui seraient subventionnés et dont le

---

[87] ECHAUDEMAISON C.D., *Dictionnaire d'économie et de sciences sociales*, 2nd édition, Paris : Nathan, 2006, p. 207.

prix diminuerait mécaniquement. Voici donc une liste non-exhaustive des externalités négatives à prendre en compte :

-Malus sur les voitures les plus polluantes ;
-Malus sur la vente de pesticides ;
-Malus sur la vente d'objets numériques ;
-Malus sur les matières plastiques ;
-Malus sur les produits contenant de l'huile de palme ;
-Malus sur les textiles conçus hors UE ;
-Malus sur la viande et le poisson issus de filières « industrielles » ;

Ces propositions constituent le contenu d'une transition financière, socle d'une transition écologique de notre société. Rappelons que, contrairement à ce que l'on entend souvent, nous ne vivons pas au-dessus de nos moyens. Le monde, France comprise, n'a jamais été aussi riche. Le problème vient avant tout de la distribution et de la redistribution des richesses. Si la transition financière permet de s'attaquer à cette dernière, il nous reste encore à évoquer les enjeux de la distribution elle-même. Effectivement, l'injustice fiscale mise en évidence précédemment ne doit pas nous faire oublier celle qui concerne les inégalités liées à la répartition des revenus dits « primaires » (revenus salariaux et de propriété). Il est toujours plus facile de redistribuer par l'intermédiaire de prestations sociales alors que la distribution initiale demeure scandaleuse. En outre, une hausse d'imposition visant les plus fortunés pourrait simplement les encourager à grossir leurs revenus. Il est donc impératif de développer les tenants et les aboutissants d'une transition économique et d'une transition citoyenne.

PARTIE II
REDONNER DU SENS

CHAPITRE I : PRODUIRE POUR VIVRE ; VIVRE POUR PRODUIRE

« Celui qui croit que la croissance peut être infinie dans un monde fini est soit un fou, soit un économiste »

Kenneth Boulding

« Croissance économique », « évolution du produit intérieur brut (PIB) », « somme des valeurs ajoutées », ces expressions évoquent toutes l'objectif d'une société productiviste telle que la nôtre. L'on entend constamment comparer la croissance de la France à celle de ses voisins ou à celle que le pays a connue durant les Trente Glorieuses. Cette période d'après-guerre est considérée par beaucoup d'économistes et de journalistes comme un idéal vers lequel nous devons tendre en permanence pour retrouver l'opulence et le plein emploi. Pourtant, il est clair qu'il existe un gouffre du point de vue culturel entre notre vision actuelle du monde et celle qui était alors la norme. À titre d'exemple, au cours des années 50 et 60, plus un produit alimentaire contenait de produits chimiques, plus la technique avait joué un rôle dans sa conception, mieux il était perçu par les consommateurs. On peut également penser à l'influence du patriarcat qui empêchait, entre autres, les femmes d'ouvrir librement un compte bancaire avant 1965. Si les aspirations économiques restent sensiblement les mêmes, nos conceptions culturelles ont grandement évolué[88].

---

[88] Les reportages de l'Institut National de l'Audiovisuel (INA) sont des ressources précieuses rendant compte de ce phénomène.

La promesse d'une vie meilleure

L'indicateur du PIB a été créé sur demande du congrès des États-Unis en 1934 par Simon Kuznets afin de mesurer l'effet de la crise de 1929 sur l'économie. En France, il n'apparaîtra pas avant la deuxième moitié des années 40. Il faut pourtant remonter bien plus loin pour entrevoir la véritable origine de cet indicateur.

Il est effectivement issu d'une conception précise de l'économie, celle qui considère que la richesse n'équivaut raisonnablement qu'à des ressources matérielles. C'est Thomas Malthus qui en est l'initiateur : étant donné qu'il est impossible d'évaluer les richesses non matérielles, il est donc préférable que l'économie les ignore. Il prête cette idée au sens commun, ce qui va lui permettre de considérer son raisonnement comme imparable. En d'autres termes, si les économistes diffusent l'idée que l'on ne peut évaluer les richesses non-matérielles, il devient aisé de convaincre chaque citoyenne et citoyen qu'ils ne peuvent qu'arriver à la même conclusion. L'ensemble de la production est alors considéré comme utile et nécessaire car toute marchandise a forcément été désirée par au moins une personne. Ainsi, le désir matérialiste contribue à la hausse du PIB et de ce fait à l'accroissement des richesses d'une nation. Nous avons donc accepté que la richesse soit réduite au seul échange de biens et de services et négligé toutes les autres activités et formes de liens, de progrès ou de mise en valeur du monde.

En 1980, l'administration du président Ronald Reagan a interrogé les citoyens États-uniens sur leur qualité de vie. Elle souhaitait savoir si celle-ci s'était améliorée entre 1976 et 1980. Malgré la progression très claire du revenu réel par habitant, le « non » l'a emporté largement[89]. Un scénario similaire a eu lieu en 1998 lorsqu'on a demandé aux Canadiens si leur situation financière était comparable à celle de leurs parents au

---

[89] JANY-CATRICE Florence, MÉDA Dominique, PERRET Bernard, SHARPE Andrew, « Débat sur l'indice du bien-économique », Travail et Emploi, n°93, janvier 2003, 37 pages.

même âge. Seulement 44% des sondés ont déclaré qu'elle avait progressé alors que l'on note une augmentation de 60% du PIB réel par habitant durant les 25 années précédant le sondage[90]. Cela signifie donc que la progression du revenu et de la production nationale ne modifie pas nécessairement la perception du bien-être économique[91].

L'on n'est jamais réellement satisfait dans une société de consommation. Cette dernière ne peut fonctionner que grâce à une inégalité et une frustration délibérément entretenues ; Ivan Illich appelait cela « la modernisation de la pauvreté »[92]. Lorsqu'un bien devient accessible et qu'il est à la portée de la plupart des consommateurs, il est automatiquement dévalorisé ; le seuil symbolique de pauvreté est alors rehaussé et de nouveaux biens auxquels la masse n'a pas accès sont proposés. Ainsi, la rareté est sans cesse renouvelée et la société engendre toujours plus de besoins insatisfaits. Pour les classes populaires, la croissance ne représente alors qu'une promesse à jamais insatisfaite : celle d'une vie meilleure.

Il est vrai que pour les pays les plus modestes, la croissance économique a généralement engendré des avancées considérables dans tous les domaines. Néanmoins, de l'aveu même du Programme des Nations unies pour le développement (PNUD), un PIB important et des indicateurs humains faibles peuvent coexister dans un pays[93]. Dans les pays développés, le PIB a progressé de manière continue depuis la Seconde Guerre mondiale. On y constate pourtant une stabilité, et même souvent une régression, des indicateurs humains, et donc une diminution du bien-être. L'essor de la production et de la consommation ne semble plus engendrer celui de l'espérance de vie ou encore celui du temps alloué aux loisirs et ne permet aucunement de

[90] Idem.

[91] Lire BRUYELLE Cyril, *Nous humains*, Alisio, 2019, 256 pages.

[92] ILLICH Ivan, *La Convivialité*, seconde édition, Paris : Seuil, 1973, 160 pages.

[93] RIST Gilbert, *Le développement. Histoire d'une croyance occidentale*, 1ère édition, Paris : Presses de la Fondation nationale des sciences politiques, 2007, p. 359.

protéger les ressources naturelles[94]. La croissance du PIB ne tient compte ni de tous ces éléments ni même de l'évolution des inégalités, ce qui signifie qu'une croissance importante peut ne profiter qu'aux plus riches, comme nous le verrons par la suite. Aux États-Unis, le sénateur Kennedy l'affirmait déjà en 1968, « Le PIB mesure tout ... Sauf ce qui fait que la vie vaut d'être vécue »[95].

L'emploi dans une société de la compétition

Il est surprenant de constater que les actifs disposant d'un emploi voient leur bien-être diminué alors que le nombre de chômeurs, lui, ne cesse de grimper depuis trente ans et atteint 9,1% au second trimestre 2018[96]. Ce chiffre est issu d'un simple calcul qui fait la différence entre les chômeurs initialement recensés au premier trimestre 2018 et les individus sortant du système de Pôle Emploi. On y ajoute alors les nouveaux inscrits. À titre d'exemple, entre novembre 2015 et janvier 2016, on note 532 000 inscriptions en moyenne mais aussi 510 000 sorties. Le nombre de chômeurs a donc augmenté de 22 000. Cependant, seuls 47% des individus qui ne sont plus comptabilisés par Pôle Emploi trouvent réellement un travail[97]. Des centaines de milliers de personnes sont soit en formation soit en fin de droits et perdent ainsi leur indemnisation. De ce fait, leurs revenus et leurs chances de retrouver un emploi chutent drastiquement. On estime d'ailleurs que le stress induit par le chômage et les risques qui lui sont inhérents, provoquent chaque année la mort de 10 000 à 20 000

---

[94] MEDA Dominique, *Au-delà du PIB*, Paris : Flammarion, 2008, 276 pages.

[95] Cité dans MICHEA Jean-Claude, *L'empire du moindre mal*, 1ère édition, Paris : Climats, p. 44.

[96] Pole-emploi.org, statistiques.pole-emploi.org/stmt/publication (consulté le 27 août 2017).

[97] LARROUTUROU Pierre, MEDA Dominique, *Einstein avait raison : il faut réduire le temps de travail*, 1ère édition, Ivry-sur-Seine : Éditions de l'Atelier, 2016, p. 20.

personnes en France[98] (suicides et dégradation du système cardiovasculaire principalement).

Certains médias évoquent régulièrement l'existence d'offres d'emplois non pourvus, ce qui influence largement et négativement l'opinion des citoyens. Certains secteurs tels que la restauration estivale ou la grande distribution rencontrent parfois des difficultés à recruter suffisamment. La première cause du chômage serait alors liée à une supposée fainéantise de la part des demandeurs d'emplois. L'on omet ainsi nombre d'éléments essentiels, notamment la localisation du poste à pourvoir. Les restaurants spécialisés dans l'accueil de touristes sont par exemple généralement installés dans des villes faiblement peuplées le reste de l'année, l'hébergement y est donc extrêmement onéreux. Dans ce contexte, il est raisonnable pour un jeune de se questionner sur la pertinence d'un emploi saisonnier et difficile qui ne lui permettra d'épargner que quelques dizaines d'euros. Dans d'autres secteurs, le manque de candidats est souvent dû à la condition physique nécessaire. Les métiers de la logistique mobilisent une force physique importante et occasionnent, souvent rapidement, des problèmes de santé (tensions musculaires, affaiblissement du système osseux, etc.). C'est la raison pour laquelle il y existe un « *turn-over* » important. Les commentaires de certains journalistes à partir des chiffres disponibles sont tout aussi fragiles. Ils évoquent en effet l'existence de plusieurs centaines de milliers d'emplois vacants et en incriminent les chômeurs. Comme Pôle Emploi accueille environ un tiers des propositions d'embauche, ils triplent simplement le nombre d'emplois non pourvus[99]. Ce calcul est hasardeux car l'établissement public reçoit les

[98] MENETON Pierre, KESSE-GUYOT Emmanuelle, MEJEAN Caroline, FEZEU Léopold, GALAN Pilar, HERCBERG Serge, MENARD Joël, "Unemployment is associated with hight cardiovascular event rate and increased all-cause mortality in middle-aged socially privileged individuals", International Archives of Occupational and Environmental Health, 2015, n°88, p. 707-716.

[99] CLOUET Adrien, Chômage, « Le mythe des emplois vacants », Le Monde diplomatique, février 2015, n°731, p. 12.

offres les plus difficiles : salaire ridicule par rapport aux compétences exigées, inexistence du poste annoncé, etc. Se focaliser uniquement sur les emplois non pourvus nous fait oublier le véritable enjeu : la qualité de vie au travail.

Les politiques publiques luttent pourtant activement afin de dissuader les chômeurs de refuser plusieurs offres et menacent ces derniers de mettre fin à leurs allocations le cas échéant. La criminalisation des demandeurs d'emploi ne devrait pas constituer l'un des éléments phares d'une politique économique car « l'idée que des personnes refuseraient des emplois parce qu'ils ne seraient pas intéressants financièrement n'a jamais été vérifiée dans la réalité »[100]. Cela porte le discrédit sur l'ensemble des allocataires alors que seuls 2% d'entre eux sont véritablement des fraudeurs[101]. De manière plus générale, exemple est pris sur les modèles allemand et britannique, bien plus libéraux ; des licenciements plus aisés, un coût du travail moindre, une réduction du salaire minimum seraient les meilleures clés pour lutter efficacement contre le chômage. Notons que la plupart des emplois créés dans ces pays sont précaires (salaire insuffisant pour se hisser au-dessus du seuil de pauvreté, temps partiel,...)[102]. Cela fait tout de même une trentaine d'années que les gouvernements successifs conservent ce cap. Le phénomène nouveau d' « ubérisation » est plus inquiétant encore. Des firmes telles que Netflix, Airbnb, Uber ou Deliveroo détruisent nombre d'emplois et participent à une précarisation grandissante. Il ne s'agit en fait que de vulgaires plates-formes de mise en relation qui suppriment les intermédiaires entre acheteurs et vendeurs en faisant appel à des « collaborateurs » ultra-flexibles, à des auto-entrepreneurs auxquels elles confient des missions. Ces

---

[100] Lemonde.fr, https://urls.fr/472Edq (consulté le 27 août 2017).

[101] BUCHET Daniel, « Le traitement de la fraude dans les caisses d'Allocations familiales », Revue des politiques sociales et familiales, décembre 2006, n°86, p. 69-76.

[102] HARRIBEY Jean-Marie, « Le cercle de l'irraison », Politis, 2 février 2012, n°1188, p. 31.

entreprises sont en fait les clients de ces travailleurs indépendants, ce qui leur permet de n'avoir aucune charge à supporter, et ce sont elles qui fixent les prix et donc leur propre marge. En faisant supporter les charges patronales à ces salariés déguisés sans couverture sociale, elles font glisser toute la société vers une nouvelle organisation du travail. L'ubérisation casse les prix et donne ainsi l'illusion à chacun d'entre nous de récupérer du pouvoir d'achat. Malheureusement, nous y perdrons tous si nous acceptons l'effondrement des derniers vestiges de l'État Providence[103].

Pas de croissance sans destruction

La prise de conscience de la dégradation de l'environnement est particulièrement lente. Les lanceurs d'alertes et les sommets se succèdent depuis des décennies mais les effets ne commencent à se faire ressentir que depuis peu. Un court historique s'impose. En 1962, Rachel Carson écrit « Printemps Silencieux », dans lequel elle dénonce le recours abusif aux pesticides, avec comme conséquence de graves atteintes à la biodiversité. En 1972, le Club de Rome publie le fameux rapport Meadows, « *The Limits of Growth* »[104]. Extrêmement novateur, il pointe du doigt les méfaits de la croissance économique et son impossible adéquation avec la préservation d'un environnement sain pour les générations futures. C'est la même année qu'a lieu la conférence de Stockholm, première conférence internationale à considérer la protection de l'environnement comme un problème mondial. Elle voit la rédaction d'une déclaration de 26 principes dont plusieurs sont contraignants, la création du Programme

---

[103] L'État-providence est une forme adoptée par un certain nombre d'États qui se dotent de larges compétences réglementaires, économiques et sociales en vue d'assurer une panoplie plus ou moins étendue de fonctions sociales à leurs citoyens. Exemple :la mise en place de la sécurité sociale.

[104] MEADOWS Donella, MEADOWS Denis, RANDERS Jorgen, *Les limites à la croissance (dans un monde fini),* 4ème édition, Paris : Rue de l'échiquier, 2012, 408 pages.

des Nations unies pour l'Environnement (PNUE), et favorise l'émergence de nombreux ministères dédiés à la sauvegarde de l'environnement dans les pays développés. S'ensuit logiquement l'apparition du Groupe d'Experts Intergouvernemental sur l'Évolution du Climat (GIEC) en 1988 qui n'aura de cesse d'évaluer l'influence de l'Homme sur le changement climatique, de mesurer les risques et de proposer des solutions. Ce n'est qu'en 1992, avec le troisième Sommet de la Terre, que se généralise le concept de développement durable. Cette expression va permettre aux puissants d'affaiblir les arguments les plus contestataires et les alternatives sociétales qui prenaient de l'ampleur. Effectivement, le développement durable devait « répondre aux besoins des générations présentes sans compromettre ceux des générations futures »[105]. Cette définition consensuelle écarte toute remise en cause de la croissance économique comme paradigme ; l'idéologie dominante consistant à mettre en avant l'essor technologique comme solution principale à la « crise » écologique peut donc perdurer. À titre d'exemple, on n'interroge guère le modèle de la voiture individuelle comme mode de transport principal mais l'on réduit les émissions de CO2 de chaque véhicule. Malheureusement, dans le même temps, le nombre de voitures en circulation dans le monde progresse continuellement et les émissions de gaz à effet de serre qui en découlent également : c'est l'effet rebond. Ni le protocole de Kyoto de 1997 qui visait à réduire le CO2 émis par les pays les plus développés, ni les *Conferences Of Parties* (COP) successives n'ont résolu le problème ; celui-ci étant systémique, sa résolution ne peut résider dans un progrès technologique.

Il est indéniable que nous consommons toujours plus de marchandises et de ressources naturelles. Il nous semble indispensable d'investir une quantité croissante d'énergie, de travail, de matières et de capital pour satisfaire un même besoin. Prenons l'exemple de la

---

[105] Formulation initiale énoncée dans le rapport Brundtland.

communication : celle-ci ne nécessitait auparavant que le service postal. On y a ajouté progressivement le téléphone fixe, puis le portable, ainsi qu'internet, et enfin le smartphone et tous les réseaux qui en découlent. Nous sommes insatiables ; aucun indicateur n'a pourtant été en mesure de nous démontrer que ces nouveaux outils technologiques nous rendent plus heureux. Le smartphone est le parfait exemple d'un besoin créé artificiellement par un système économique productiviste, par la publicité et par les normes sociales. Ceux qui ne disposent pas d'un téléphone connecté sont parfois moqués ou exclus. Le renouvellement régulier du matériel est fortement encouragé. Les objets numériques sont clairement soumis à une obsolescence programmée. Alors que les téléviseurs des années 1980 disposaient d'une espérance de vie supérieure à 20 ans, ceux du 21ème siècle parviennent péniblement à dépasser les 7 ans. Ce scandaleux gaspillage garantit une croissance économique plus importante. Autre exemple édifiant : le remplacement du rail par le routier concerne non seulement les marchandises mais également les voyageurs. La logique capitaliste privilégie les bas coûts de revient au détriment des équilibres écologiques car les dégradations environnementales et sociales ne constituent, dans le pire des cas, qu'un faible coût pour une entreprise privée recherchant le profit. Il faut produire ce qui peut se vendre cher, même si des articles ou services moins coûteux, voire gratuits, pourraient tout aussi bien faire l'affaire.

Nous devons par contre désormais reproduire ce qui était auparavant abondant et librement accessible. La nécessité actuelle du recyclage de l'eau et de l'air est chargée d'une lourde signification : le néolibéralisme économique ne s'est pas contenté d'imposer la vision du consensus de Washington sur la planète ; il s'est également réapproprié le postulat de Jean-Baptiste Say qui estimait que : *« les richesses naturelles sont inépuisables, car, sans cela, nous ne les obtiendrions pas gratuitement. Ne pouvant être ni multipliées ni épuisées, elles ne sont pas l'objet des sciences économiques »*[106]. Cette conception, encore dominante puisqu'enseignée dans les grandes écoles, explique grandement notre réaction tardive face à la dégradation de la biosphère. Toute activité productive vit des emprunts qu'elle fait aux ressources limitées de la planète. En d'autres termes, la croissance et le capitalisme ne perdurent que grâce à une consommation et à un gaspillage croissants de ressources naturelles. Celles-ci ont parfois mis des millions d'années à se constituer, ne sont aucunement infinies et la plupart seront épuisées dans le courant du siècle actuel. L'Homme, tel qu'il est constitué biologiquement, n'est âgé que de 200 000 ans ; durant ce laps de temps, il a utilisé l'essentiel des ressources naturelles disponibles sur la planète dans le but de satisfaire le confort d'une toute petite minorité pour quelques décennies. Les courbes de croissance et de consommation de ressources naturelles sont particulièrement similaires, selon l'ingénieur Jean-Marc Jancovici[107]. Par voie de conséquence, les ressources que la planète peut nous offrir en une année sont épuisées de plus en plus tôt[108]. L'actualité environnementale rapporte continuellement son lot de nouveaux scandales aux origines économiques et entraînant systématiquement la dégradation du système Terre. Notre réaction n'est pas à la hauteur face à l'urgence de la situation. Sans un changement rapide de paradigme, nous nous dirigeons tout bonnement vers d'innombrables catastrophes et vers une nouvelle extinction massive d'espèces durant le siècle à venir.

---

[106] SAY Jean-Baptiste, Traité d'économie politique ou simple exposition de la manière dont se forment, se distribuent ou se consomment les richesses, Paris: Calmann-Lévy Éditeur, 1972, p. 66.

[107] Jancovici.com, https://jancovici.com/transition-energetique/l-energie-et-nous/lenergie-de-quoi-sagit-il-exactement/ (consulté le 27 août 2017).

[108] L'humanité vit à crédit. Ces limites s'appliquent au rythme auquel elle peut extraire des ressources (cultures, pâturages, bois, poisson) et produire des déchets (gaz à effet de serre, substances toxiques) sans dépasser les capacités de production et d'absorption de la planète.

Année après année, les tensions sociales et écologiques semblent inexorables et engendrent des conséquences variées dans notre pays : criminalité dans les quartiers populaires, rejet de la faute sur des boucs émissaires, incapacité de la justice à faire son travail, etc. Nous sommes face à une situation et à des malaises que nos dirigeants sont incapables de traduire autrement qu'avec leurs propres codes et y apportent donc des solutions dépassées.

CHAPITRE II :
L'ORDRE NÉOLIBÉRAL

« Quel affreux monde que celui qui est gouverné par des idiots et peuplé par des aveugles »

William Shakespeare

Rappelons la Déclaration universelle des droits de l'Homme, ratifiée par les 195 États membres de l'ONU : « Tous les êtres humains naissent libres et égaux en dignité et en droits. Ils sont doués de raison et de conscience et doivent agir les uns envers les autres dans un esprit de fraternité. Tout individu a droit à la vie, à la liberté et à la sûreté de sa personne »[109].

Pourtant, dans un contexte de concentration du pouvoir économique, de gigantesques entités contrôlent chacune des dizaines, voire des centaines de marques, et sont capables de faire face financièrement aux plus grands États. L'on peut citer Unilever qui détient Dove, Axe, Ben & Jerry's, Lipton, Knorr, Omo, Rexona, Skip, Maille, Amora, Signal, Eléphant et bien d'autres ou Vinci, qui dispose de milliers de chantiers à travers le monde et gère la plus grande partie des autoroutes françaises (elles lui rapportent chaque année 12% de son chiffre d'affaires)[110].

Nous aimons faire référence aux valeurs qui animent et justifient l'existence de notre société : liberté de la

[109] Déclaration universelle des droits de l'Homme de 1948.
[110] DE LA CASINIERE Nicolas, « Le soleil ne se couche jamais sur l'empire Vinci », Le Monde diplomatique, Mars 2005, n°744, p. 4-5.

presse, de pensée, de se déplacer, égalité des chances et devant la justice, etc. Fruits de longs combats séculaires, ces avancées considérables sont devenues réalité pour l'essentiel. Elles sont cependant plus que jamais remises en cause par l'évolution de nos sociétés et par l'action d'une petite minorité. L'oligarchie aurait soi-disant disparu des consciences politiques et seule la démocratie subsisterait au sein de nos sociétés occidentales. Tout se passe comme si cette forme de gouvernance appartient au passé ; elle reste pourtant un pouvoir de domination invisible et officieux mais bien réel.

L'explosion des inégalités

Le constat est sans appel : les vingt-six personnes les plus riches du monde possèdent autant que la moitié la plus pauvre de l'Humanité[111]. En France durant la crise sanitaire, entre le début de la pandémie en mars 2020 et la fin de l'année 2021, la fortune des 5 personnes les plus riches de France a doublé[112]. En 2017, plus de 180 000 ménages sont surendettés et certaines régions comme la Normandie sont particulièrement touchées[113]. En matière de santé, 53% des patients français renoncent à des soins pour des raisons économiques[114]. Le capitalisme, combiné au libéralisme économique, est théoriquement une machine fantastique qui permet à chacun de satisfaire son avidité, et ce, pour le bien de tous, si l'on en croit la fameuse théorie de la « main invisible » d'Adam Smith[115], idée constamment diffusée par l'essentiel des économistes, politiques et

---

111 HARDOON Deborah Hardoon, AYELE Sophia, FUENTES-NIEVA Ricardo, « Une économie au service des 1% », OXFAM, 18 janvier 2018, p. 4.

112 OXFAM, « Inégalités : zoom sur la situation en France », janvier 2022, 14 pages.

113 FRATACCI Lisa, NIVAT Dominique, VAYSSET Gilles, « Le surendettement des ménages : Enquête typologique 2017 », Banque de France, janvier 2018, 278 pages.

114 Opinion Way, « Les Français et leur budget santé », Le Sofinscope – Baromètre opinion Way pour SOFINCO, Janvier 2013, p. 5.

115 SMITH Adam, Recherches sur la nature et les causes de la richesse des nations, Paris : Economica, 2000, p. 340.

journalistes. Cependant, celle-ci ne serait rien sans « l'effet de ruissellement », concept complémentaire et plus récent popularisé dans les années 1980 selon lequel même le plus pauvre profite du libéralisme parce que les plus fortunés ne peuvent jouir d'une richesse qui dépasse largement la satisfaction de leurs besoins et de leurs désirs. Ils procèderaient donc naturellement à une redistribution. Aujourd'hui plus que jamais, l'argent est un moyen de domination et de pouvoir et cette soi-disant volonté de redistribution est quasi-absente au sein de l'élite économique. Les dirigeants d'une firme ne peuvent se permettre d'agir selon la morale pour la simple et bonne raison que leurs concurrents ne le feront pas. L'éthique n'étant que rarement synonyme de maximisation du profit, leur survie et leur expansion exigent l'application de la fameuse formule « *ethic is not business* ».

En France, la généralisation de la RSE (Responsabilité Sociétale des Entreprises) ne change pas la donne. S'il est vrai que des PME ont ainsi pu faire évoluer leur activité afin de s'impliquer socialement et écologiquement, il n'en est pas de même des grandes entreprises qui n'y ont vraisemblablement recours que comme un argument de vente. Les exemples foisonnent : refonte d'un logo en vert pour évoquer le respect de l'environnement, diminution de la consommation de papier grâce au numérique, investissement dans la monoculture d'eucalyptus pour, paraît-il, contribuer à la reforestation[116], etc.

Ce n'est qu'à partir des années 1980 et de la généralisation du néolibéralisme que le capitalisme prend un tel virage. Au début du XXème siècle, le banquier J. P. Morgan fixa une règle informelle pour garantir l'esprit d'équipe au sein d'une entreprise. Le salaire du manager / patron ne devait pas être plus de 20 fois supérieur à celui du salarié / ouvrier[117] ; ce

---

[116] Lire BONNEUIL Christophe, FEYDEL Sandrine, *Prédation : Nature, le nouvel eldorado de la finance*, Paris : La Découverte, 2015, 212 pages.
[117] COHEN Daniel, Homo Economicus : prophète (égaré) des temps nouveaux, Paris : Albin Michel, 2012, p. 60.

principe fut globalement respecté jusqu'aux années 1980. De nos jours, chaque année, dès le 3 janvier, les patrons des 120 plus grandes entreprises françaises ont déjà touché plus que le salaire annuel moyen[118]. Les bénéficiaires rappellent qu'ils mettent en jeu leur réputation en permanence et qu'ils font face à des responsabilités exceptionnelles. D'après Peter Drucker, célèbre manager et défenseur de l'économie de marché, cela serait contreproductif et affaiblirait la cohésion du groupe[119]. Le constat est identique chez les actionnaires. Les dividendes versés par les entreprises du CAC 40 sont passés de 35,3 milliards d'euros en 2009 à 56 milliards d'euros en 2014 (année record, montant identique en 2022), soit plus de 58 % d'augmentation[120]. Durant la même période, le salaire médian n'a crû que de 7,8%, soit 7 fois moins, et l'évolution du pouvoir d'achat des salariés n'a été que de 1,4%. À une échelle plus globale, des entreprises rivalisent avec des pays d'un point de vue de la richesse produite. Déjà en 1999, le chiffre d'affaires de General Motors était plus important que le PIB du Danemark et celui d'Exxon Mobil dépassait celui de l'Autriche[121]. Plus scandaleux encore, 20% des êtres humains accaparent plus de 80% des richesses, possèdent plus de 80% des voitures en circulation et consomment 60% de l'énergie tandis qu'un milliard d'autres doivent se partager 1% du revenu mondial. Ainsi, si toute la population consommait comme les 50 personnes les plus riches du monde, le budget carbone mondial serait épuisé en seulement deux jours [122]. Dans un pays comme le Brésil, souvent considéré comme riche au regard de son PIB, 2% des propriétaires détiennent 43% des terres arables alors que 4,5 millions de familles paysannes se retrouvent sans terres fixes à cultiver. Environ 153 millions d'hectares restent pourtant en

[118] Latribune.fr, https://urls.fr/JV_qgU (consulté le 27 août 2017).
[119] Lemonde.fr, https://urls.fr/ku1lKb (consulté le 27 août 2017).
[120] Vernimmen, Lettre n°129, janvier 2015.
[121] RAMONET Ignacio, « Le nouveau siècle », Le Monde diplomatique, janvier 1999, n°538, p.1.
[122] OXFAM France, « Le Poids des ultra-riches dans les inégalités d'émissions en France », octobre 2024, 14 pages.

friche car leur mise en culture ne serait aucunement rentable pour les grands propriétaires.

Le libéralisme économique[123] permettrait également de mettre fin aux dictatures et de diffuser la démocratie. Les événements en Afrique et en Amérique du Sud ces dernières décennies ont pourtant démontré le contraire [124]. Les dictatures sont bien souvent entretenues, voire installées, par des pays occidentaux désireux de bénéficier de ressources à moindre coût. Ce sont évidemment les populations locales qui en paient la facture. À titre d'exemple, le général Conté a dirigé la Guinée par la terreur jusqu'en 2008 ; le pays était pourtant particulièrement bien intégré au commerce mondial et aucune contestation ne semblait provenir de la communauté internationale, cette dernière craignant de subir une forte hausse du prix de l'aluminium[125]. Le bilan sanitaire du libéralisme n'est pas meilleur : dans les pays les plus pauvres, des maladies telles que la fièvre noire ou le paludisme font des centaines de milliers de victimes chaque année. Il existe bien un remède à la fièvre noire mais il reste inaccessible aux populations les plus démunies. Dans le même temps, l'industrie pharmaceutique, largement privatisée, finance le développement de nouvelles molécules à l'aide de dizaines, voire de centaines de milliards de dollars pour soigner des maladies qui touchent les plus riches d'entre nous ou pour développer des organes artificiels dont seules quelques dizaines de personnes bénéficieront dans les décennies à venir en raison de leur caractère extrêmement onéreux. À l'extérieur du monde occidental, peu d'individus disposent des moyens leur permettant d'avoir accès aux soins adéquats pour combattre le virus du sida du fait des prix imposés par

---

[123] Les discours dominants aiment parler simplement de « libéralisme », ce qui créé de la confusion et cela permet de fusionner les principes libéralisme économique avec ceux du libéralisme politique. Ce dernier correspondant aux libertés individuelles.

[124] Lire (ou voir) KLEIN Naomi, La stratégie du choc : la montée d'un capitalisme du désastre, Actes Sud, 2013, 861 pages.

[125] ZIEGLER Jean, Les nouveaux maîtres du monde et ceux qui leur résistent, op. cit. p. 85.

les firmes pharmaceutiques. L'Organisation mondiale de la Santé (OMS) avance le chiffre de 37 millions d'individus séropositifs dans le monde, la quasi-totalité d'entre eux vivant dans les pays en voie de développement[126]. Pour endiguer un tel fléau, il serait logique et raisonnable d'y investir d'importants efforts mais il est plus facile de sacrifier ces malades sur l'autel de la rentabilité et de la productivité, qui restent les maîtres mots et la seule véritable logique à l'œuvre dans nos sociétés.

La concentration du pouvoir

Le néolibéralisme économique est à la fois une idéologie et une vision du monde, celle qu'une petite élite cherche à imposer partout sur le globe. Le monde des élites économiques lui est désormais pleinement acquis. En effet, les « *Big Three* » (BlackRock, Vanguard et Stage Street), qui sont des gestionnaires d'actifs financiers, sont les principaux actionnaires de 20% du CAC40, de 40% du Nikkei 225 (indice boursier japonais), de 60% du FTSE 100 (indice boursier britannique) et de 90% du SP500 (indice boursier états-unien) ![127] Déjà en 2000, un rapport de l'ONU fut publié afin d'évaluer l'influence des firmes sur l'Organisation mondiale du commerce (OMC). Le résultat fut sans appel : « L'OMC est presque totalement entre les mains des sociétés privées »[128]. Même constat pour le Fond monétaire internationale (FMI) et la Banque mondiale (BM) qui sont des bastions du dogme néolibéral faisant la promotion de la privatisation du monde. La « crise » de 2008 n'a fait que renforcer ce phénomène. Les pays les plus fragiles n'ont pas d'autres choix que de se plier à des réformes extrêmement importantes pour éviter que

[126] SIDIBE Michel, "UNAIDS DATA 2018", WHO, 2008, 376 pages.
[127] DURAND Cédric et KEUCHEYAN Razmig, *Comment bifurquer : les principes de la planification écologique*, Paris : La Découverte, 2024, p. 48.
[128] Sous-Commission de la promotion des droits de l'Homme de l'ONU, Rapport du 15 juin 2000 cité dans ZIEGLER Jean, *Les nouveaux maîtres du monde et ceux qui leur résistent*, op. cit. p. 187.

l'OMC ne leur inflige d'importantes sanctions commerciales ; le FMI et la Banque Mondiale ne leur permettraient en effet plus d'emprunter ou leur imposeraient des taux bien trop élevés. À titre d'exemple, l'endettement de l'Argentine l'a amené à suivre les « recommandations » du FMI en matière de politiques financières, ce qui a entraîné de massives privatisations, la disparition des services sociaux et une explosion des inégalités. Les réformes néolibérales se sont malgré tout poursuivies et aujourd'hui la situation ne s'est pas améliorée. Autre exemple, celui du Niger, qui a été forcé de privatiser l'Office nationale vétérinaire, ce qui a mis fin aux petits élevages millénaires car les populations d'éleveurs nomades ne disposaient plus de moyens pour soigner leurs animaux. Ceci a provoqué un exode rural massif et une paupérisation importante des villes[129]. On peut également évoquer un groupe de représentants africains qui tentent en 1999 une action concertée visant à modifier certains articles juridiques autorisant les firmes pharmaceutiques à s'approprier par des brevets les molécules des plantes traditionnelles poussant sur les territoires des pays africains concernés. Il va sans dire que l'action a été rejetée et les propositions du groupe considérées comme contraires à la liberté du commerce[130]. Les pays en développement sont donc sans défense et sous la férule de ces entités extranationales. Cela est d'autant plus inquiétant qu'ils se retrouvent ensuite dans une situation de concurrence après avoir procédé aux réformes néolibérales. Ils doivent ainsi s'affronter économiquement afin d'attirer les investissements et les entreprises étrangères. Ils sont par conséquent contraints de réduire constamment la protection et les aides sociales, les libertés syndicales, la réglementation, etc.

L'objectif de ces institutions est assumé depuis toujours sans qu'il s'agisse pour autant d'un quelconque complot. Leur volonté est de généraliser l'ordre néolibéral sur la planète, la dérèglementation et la

[129] Idem p. 244.
[130] Idem p. 184.

privatisation étant leurs principaux leviers. Deux méthodes ont été employées dans les pays occidentaux :

- L'exécution de l'État Providence : les pays anglo-saxons ont diminué les impôts des plus fortunés et privatisé un grand nombre de secteurs en un temps record, et même parfois dans le sang et la douleur, comme lors de la confrontation entre Margaret Thatcher et les mineurs britanniques en 1984-1985.
- L'effondrement de l'État Providence : la France est souvent considérée comme un pays plus complexe à réformer. La méthode retenue y sera plus pernicieuse. La diminution des recettes fiscales entraîne une dette publique faramineuse qui implique une baisse des investissements. La qualité du service proposé diminue alors nettement année après année et la population accepte plus facilement l'idée d'une privatisation défendue par les médias appartenant à des grandes fortunes. Les conséquences à court terme sont nombreuses. L'exemple des infrastructures publiques est particulièrement frappant, l'on peut notamment évoquer l'épisode vécu par l'Italie en août 2018 avec l'effondrement d'un pont à Gênes, accident dû à une baisse importante des dépenses publiques à destination des infrastructures publiques[131].

Le néolibéralisme, à travers la déréglementation et la privatisation de l'État, détruit la citoyenneté. En somme, « Nous habitons un monde où il est infiniment plus grave de violer une règle du commerce international qu'un droit de l'Homme »[132].

Le monde néolibéral affecte grandement notre santé et notre démocratie

La dégradation continue de l'hôpital public du fait d'un manque de moyens financiers est indiscutable. La pandémie apparue en France en mars 2020 nous a donné la sensation de découvrir cet état de délabrement avancé. En 1980, la France disposait de 11 lits d'hôpitaux

[131] Lefigaro.fr, https://urls.fr/yCEbM5 (consulté le 27 août 2017).
[132] ALLMAND Warren, president de Rights and Democracy.

pour 100 habitants contre seulement 6 aujourd'hui. Huit milliards d'économies ont été réalisées dans ce secteur depuis 2010. La tarification à l'activité, initiée en 2004, a permis de mettre en concurrence l'hôpital public et les cliniques privées, donnant ainsi l'occasion à des revues telles que l'Express d'établir un classement périodique des meilleurs établissements[133]. Le service public de soin n'a plus pour objectif de répondre à un besoin mais d'être rentable. Cela nécessite d'augmenter les séjours, de fermer des lits, de compresser les salaires. Résultats : un personnel délaissé et surexploité et un hôpital assimilé à une entreprise. La France est néanmoins toujours comme un État Providence en étant classée en troisième position pour les dépenses de santé (calculées en pourcentage du PIB). Un résultat trompeur puisqu'elle recule à la douzième place lorsqu'on rapporte ce chiffre au nombre d'habitants. Elle fait également partie des 5 pays de l'OCDE accordant les plus faibles salaires aux infirmiers[134].

De leur côté, les groupes pharmaceutiques cherchent constamment à favoriser la hausse du nombre de prescriptions de leurs médicaments. Pour ce faire, ils ont recours à plusieurs méthodes[135] :

- La mobilisation de visiteurs médicaux : ils étaient 16 000 en 2014. Ils incitent les médecins à privilégier leurs produits ou, tout simplement, à prescrire davantage.
- L'élargissement des indications d'un médicament : celui-ci permet soudainement de soigner plus de maux qu'auparavant.
- La communication auprès des doyens des universités car ils ont une influence certaine sur la formation des futurs médecins.

---

[133] LAMBERT Renaud ; RIMBERT Pierre, « Jusqu'à la prochaine fin du monde », Le Monde diplomatique, Avril 2020, n°793, p. 20-21.
[134] GRIMALDI André, PIERRU Frédéric, « Hôpital : le jour d'après », Le Monde diplomatique, Avril 2020, n°730, p. 17.
[135] RAVELLI Quentin, « Les dessous de l'industrie pharmaceutique », Le Monde diplomatique, Janvier 2015, n°730, p. 14-15.

- L'organisation de voyages pour des médecins influents triés sur le volet.

La pratique du « pantouflage » est un autre effet négatif du néolibéralisme sur la démocratie. Elle consiste à confier des postes à responsabilités à d'anciens grands patrons ; malgré sa légalité, elle peut faire douter de la neutralité des bénéficiaires. M. Jean-Claude Juncker, ex-président de la Commission Européenne, y a eu largement recours. Le Français Pierre Moscovici a été nommé commissaire des affaires économiques et financières malgré son passé de vice-président du Cercle de l'Industrie, lobby regroupant les plus grandes entreprises industrielles et défendant leurs intérêts. M. Carlos Moedas, ancien cadre de la banque Goldman Sachs, a obtenu le poste de Commissaire de la Recherche. L'ensemble des membres de la Commission Européenne (organe ayant bien plus de poids que le Parlement et qui n'est pourtant pas élu démocratiquement) est concerné ainsi que des élus des Parlements nationaux et européens. Mme Rachida Dati est par exemple devenue avocate du groupe Total à la fin de la présidence de M. Nicolas Sarkozy en 2012. Les salaires des membres de la Commission Européenne sont scandaleusement élevés alors même qu'ils reçoivent des indemnités de près de 10 000 € durant les trois ans qui suivent leur départ[136].

Le pantouflage fonctionne dans les deux sens ; d'anciens responsables politiques ou des hauts fonctionnaires peuvent également aisément se reconvertir dans une organisation patronale ou une grande entreprise. Il s'agit de profils extrêmement précieux pour des groupes souhaitant mettre en place un lobbying efficace à l'échelle nationale et européenne : ils connaissent les interlocuteurs, les dossiers, savent identifier les acteurs à convaincre et maîtrisent l'argumentaire. Les entrepreneurs de l'influence sont légion dans les organes de gouvernance. À Bruxelles, il

[136] CANN Vicky, « De si confortables pantoufles bruxelloises », Le Monde diplomatique, septembre 2015, n°738, p. 20-21.

y a un lobbyiste pour deux fonctionnaires[137] et 25 des 40 entreprises les plus subventionnées par la Commission font également partie du top 50 des structures les plus dépensières en matière de lobbying. En 2015, Microsoft investissait déjà chaque année 4,5 millions de dollars en lobbying pour la seule Union européenne, ce qui lui permettait de bénéficier de 17,8 millions d'euros de marchés auprès de cette dernière, montant auquel il faut ajouter 1,4 million d'euros de subventions[138]. Même constat pour la France avec le secteur de l'armement dans lequel elle se situe dans le top 5 depuis des décennies. En 2015, la coopération entre le Ministère de la Défense et les géants de l'armement lui ont permis de se hisser à la seconde place mondiale, devant la Russie. À cette fin, un comité spécifique fut créé afin de rassembler les différents acteurs autour de la table et de trouver les meilleures solutions pour augmenter les exportations. Ces pratiques ont toujours cours[139]. Le lobbying fonctionne dans tous les domaines : énergie, agriculture, fiscalité, etc. C'est ainsi que les plus grands sont à même d'influencer les décisions en ayant recours à une nouvelle forme de corruption, bien légale celle-ci. Ces méthodes s'accompagnent d'ailleurs généralement de diverses actions de communication auprès des médias et du public.

Le rôle des médias de masse et la conquête des consciences

Les médias constituent un outil primordial pour la conquête des consciences et des idées. La construction d'un monde néolibéral rend impératif leur participation et donc leur contrôle. L'achat d'un titre de presse n'a en fait aucun intérêt pécuniaire, bon nombre d'entre eux

---

[137] Lexpansion.lexpress.fr, https://urls.fr/-HfKA- (consulté le 27 août 2017).

[138] LAURENS Sylvain, « Les élus passent, les eurocrates restent », Le Monde diplomatique, septembre 2015, n°738, p. 20-21.

[139] Alternatives-économiques.fr, https://urls.fr/qpf0ca (consulté le 22 octobre 2023).

étant déficitaires. En France, 10 entités se partagent la quasi-totalité des chaînes télévisées, des radios et des titres de presse[140]. Le groupe Bolloré est le plus important d'entre elles. Il est actionnaire majoritaire de Vivendi Universal, du quotidien Direct Matin, de Canal+, de Daily Motion, ou encore de CNews. Plus surprenant encore, il détient l'institut de sondage CSA ainsi que l'agence de communication et de publicité Havas. Il est évident que lorsqu'un grand patron très proche des partis politiques néolibéraux mais aussi de l'extrême droite zemourienne possède de nombreux médias et un institut de sondage scruté par tous les commentateurs politiques, on ne peut parler de pluralité de la presse française. Du côté des documentaires, malgré leurs qualités indéniables, nombreux sont ceux qui sont impactés dans leur contenu par ces mêmes phénomènes. Portant sur le changement climatique et la dégradation catastrophique de l'environnement, *« Home »,* de Yann Arthus Bertrand, ne fait aucune mention des responsabilités systémiques et des solutions politiques. Il est vrai que des marques comme Gucci, Total ou encore l'Oréal, n'auraient probablement pas investi dans un reportage critiquant sans détour leurs propres pratiques.

Les médias appartenant à l'oligarchie économique affirment qu'il n'y a pas d'alternative, le communisme a été vaincu après tout. L'on aura alors à cœur de favoriser la confusion entre le capitalisme, la science économique et la doctrine néolibérale. Cela permet de parvenir à des conclusions consensuelles : « Nous sommes en démocratie puisque ce n'est pas une dictature » ; « La croissance est indispensable, sinon le chômage progressera encore plus » ; « Il est impossible de taxer les plus riches en raison de l'évasion fiscale ». Il s'agit de raisonnements binaires qui trouvent malheureusement écho auprès de l'opinion publique.

Certes, les élections existent et peuvent tout à fait modifier les gouvernements mais peuvent-elles changer

[140] Lemonde.fr, https://urls.fr/ekifK6 (consulté le 27 août 2017).

l'idéologie dominante lorsque le débat électoral est orchestré par nombre de médias se réclamant de l'économie de marché ? Le bipartisme et les analyses orientées semblent avoir encore de beaux jours devant eux si les contestations ne se renforcent pas.

Le seul but de bien des émissions est d'attirer le téléspectateur et de lui vendre des produits de beauté ou des voitures. La logique de l'audimat entraîne une gigantesque régression des contenus culturels du secteur de l'audiovisuel. Que ce soit « Secret story » ou « L'île de la Tentation », la télé-réalité met en avant les plus sombres facettes de la nature humaine : on accepte de prendre un bain de purin, on se livre à des stimulations sexuelles sur un cheval, on s'injurie à longueur d'antenne, etc. Compétition, émotions, frustrations, désirs, cupidité... En bref, l'on cultive l'individualisme à outrance. Rien n'est plus efficace pour détourner les masses des préoccupations politiques, des problèmes de société et des solutions collectives. Le nombre démesuré de compétitions sportives ou de séries policières diffusées constitue un autre indicateur de l'influence idéologique des programmes vidéo. Ces derniers prônent parfois indirectement des idées telles que la pertinence de la généralisation des caméras de sécurité ou de l'essor du fichage génétique (comment trouver le coupable sinon ?). Les émissions et les journaux visant à informer et/ou à débattre sont malheureusement tout aussi décevants. La grande majorité d'entre eux constitue des carcans en matière de diffusion d'informations. Les thèmes sont imposés et on n'y parlera guère de la décroissance, de la dérive sécuritaire ou encore du néolibéralisme économique et de ses abus.

Il est évident qu'une chaîne comme TF1 ne peut aller à l'encontre de la vision du monde défendue par son propriétaire, la société Bouygues. D'ailleurs, les formats contraignent les invités à livrer des analyses consensuelles. Les titres des journaux télévisés sont traités, même inconsciemment, à travers le prisme de

« lunettes » [141] journalistiques, ce qui amène leurs auteurs à établir certains constats, à procéder à certains commentaires et analyses prédéfinis. Les journalistes opèrent alors une véritable sélection de l'information en fonction de leur propre vision ; un même sujet et de mêmes images peuvent en effet être présentés de façon totalement opposée. Les mots peuvent créer des fantasmes, des peurs, et ils alimentent les idées reçues. Les chaînes subissent la contrainte de la loi du scoop et de l'audimat. La vitesse de l'information impose de lourdes concessions : on ne prend plus le temps de vérifier ses sources[142], on copie la concurrence et là où l'originalité devrait voir le jour, on aboutit en fait à une uniformisation et à une dégradation de l'information. Cet état de fait va évidemment influencer la représentation de chacun.

Edward Bernays : un nom incontournable pour comprendre la manière dont les masses ont été et sont encore manipulées. Ses travaux[143] sont fondés sur la psychologie de son oncle Edmund Freud et n'avancent donc pas des arguments s'appuyant sur la raison mais s'intéressent plutôt aux sentiments subconscients et aux impulsions. Selon lui, faire pencher l'opinion d'un côté ou de l'autre est indispensable pour la stabilité d'une démocratie. Les maîtres des outils de ce mécanisme social exercent alors une forme de gouvernement invisible qui dirige véritablement la nation démocratique moderne. Bernays a démontré qu'il était possible de modeler l'opinion et les cerveaux de la façon souhaitée. Ainsi, le maître de la « propagande » est capable d'utiliser des images, des sons, des symboles qui conditionnent l'individu et le transforment en un consommateur docile. Et c'est en premier lieu dans le

---

[141] BOURDIEU Pierre, *Sur la télévision*, 1ère édition, Paris : Raisons d'agir, 1996, p. 36.

[142] La télévision en continu a commis bien des erreurs en diffusant des informations erronées souvent reprises par d'autres médias sans vérification supplémentaire. L'exemple de mars 2018 et des informations erronées sur le terroriste Radouane Lakdmin est parlante.

[143] BERNAYS Edward, *Propaganda*, seconde édition, Saint-Denis : Zones, 2007, 141 pages.

domaine économique que ces techniques vont être mises en œuvre. Mazur, un partenaire de Bernays, expliquait :

« Nous devons faire glisser les Américains d'une culture des besoins vers une culture du désir. Les gens doivent être habitués à désirer, à vouloir de nouvelles choses, avant même que les précédentes aient été entièrement consommées. Nous devons former une nouvelle mentalité. Les désirs de l'Homme doivent l'emporter sur ses besoins ».

Comment pourrait-on faire fonctionner autrement une société productiviste ? Sachant que 99% des publicités sont en fait diffusées par des entreprises du CAC40, elles constituent un outil primordial pour le capitalisme moderne puisqu'elle véhicule un message simple et puissant en permanence : « Consommer, c'est bien. Pour vous comme pour notre économie ». Cela implique également que l'argument selon lequel cela profiterait à l'économie locale ne fonctionne absolument pas ! En outre, la publicité projette des images de réussite, réussite qui ne peut exister, selon le message subliminal qui nous est envoyé, que grâce à un surcroît de consommation. À titre d'exemple, TF1 et M6 diffusent une séquence publicitaire environ toutes les trente minutes. Par le biais d'un téléviseur, d'un ordinateur ou d'un smartphone, un Français regarde en moyenne plus de trois heures et demie par jour de programmes télévisuels et a donc l'occasion de visionner 7 séquences quotidiennement, soit 2 500 par an, ce qui a une incidence colossale sur le développement de son cerveau, annihilant toute capacité de discernement, au plan politique comme au plan personnel.

Le sociologue Pierre Bourdieu est sans doute celui qui résume le mieux la situation :

« La télévision a une sorte de monopole sur la formation des cerveaux d'une partie importante de la population. Or, en mettant l'accent sur les faits divers, en remplissant ce temps rare avec du vide, du rien ou du presque rien, on écarte les informations pertinentes que devrait posséder le citoyen pour exercer ses droits démocratiques » [144]. ;

Ainsi, une part importante de la population a alors pour seul bagage politique l'information procurée par les visages ou les expressions des femmes et des hommes qui ont une existence médiatique, qu'il s'agisse de politiciens, de journalistes ou d'experts réels ou supposés[145]. Autant d'éléments que tout le monde peut déchiffrer et qui renforce l'importance de la communication, de l'apparence et de l'image au détriment de la compréhension du discours et des idées politiques. Précisons simplement que le recours à Internet pour s'informer ne change bien évidemment aucunement la donne et que des réseaux comme Facebook, Instagram, Tik Tok ou Youtube sont pleinement concernés par la plupart des analyses proposées précédemment. Internet favorise effectivement des contenus qui finissent par ressembler à s'y méprendre à ceux de la traditionnelle télévision.

Les futurs maîtres du monde

Comme le dit l'adage : « Le savoir est la clé du pouvoir ». Les GAFAM (acronyme pour désigner Google – Apple – Facebook – Amazon – Microsoft) en savent quelque chose. *Chaque minute,* environ 350 000 tweets, 15 millions de SMS, 220 millions de mails sont envoyés à travers la planète et plus de 2 millions de mots-clefs sont tapés sur le moteur de recherche Google. Ajoutons à cela les données issues des GPS, des IA génératives, des liseuses électroniques ou encore simplement de vos achats ; toutes ces informations sont purement et simplement conservées et commercialisées. C'est ainsi que les GAFAM voient passer entre leurs mains 80% des

---

[144] BOURDIEU Pierre, *Sur la télévision*, op. cit. p.37.
[145] Idem.

données personnelles numériques de l'humanité[146], la plupart provenant des smartphones, qui nous géolocalisent en permanence, même éteints. Avec 1,5 milliard d'appareils vendus dans le monde chaque année, l'opération est aisée, car plus de 40% de l'Humanité possède un ordinateur connecté dans sa poche.

Les firmes de la Silicon Valley nous offrent des applications en échange d'informations. Ainsi, notre localisation, l'historique de notre activité en ligne, nos contacts et toutes nos autres précieuses données personnelles sont collectées, analysées et revendues à des annonceurs ou à d'autres types de clients (assurances, banques, partis politiques...). De nombreux autres moyens de collecte verront le jour à l'avenir, notamment via les objets intelligents. Il s'agira de simples chaises, de balances, de lampes connectées, qui enverront constamment des données au réseau. Ces objets offriront de menus services pour attirer le client : relais wifi, conseils alimentaires, suivi du poids. « Alexa » constitue sans aucun doute les prémices de la création de ces nouveaux besoins au sein des foyers. Quant à la fameuse « Google Car », elle n'aura que faire d'un chauffeur et sera entièrement connectée. Elle récoltera dans le même temps tous les itinéraires du propriétaire, ses stations de radio préférées et pourra même suggérer des haltes destinées à la consommation. C'est un nouvel eldorado financier : les sociétés s'échangent déjà les habitudes des consommateurs, leurs relevés GPS, leur réseau de connaissances, etc. Il existe des courtiers en données numériques. Le plus important, Acxicom, détient des informations précises sur 700 millions de personnes à travers le monde. Grâce à ses 1,71 milliard de comptes, Facebook gagne en moyenne 3,82 dollars pour chaque vente de données issues de l'un de ses utilisateurs[147]. N'oublions jamais que : « Si c'est gratuit, c'est que vous êtes le produit »

---

[146] DUGAIN Marc, LABBE Christophe, *L'Homme nu*, 1ère édition, Paris : Plon, 2016, p. 23.

[147] RIMBERT Pierre, « Données personnelles, une affaire politique », Le Monde diplomatique, septembre 2016, n°750, p. 3.

car la gratuité en tant que telle n'existe pas dans un monde néolibéral ; pensons-y lorsque nous utilisons des outils tels que Google ou Facebook. Réfléchissons à deux fois avant de confier une information personnelle, même lorsque cela semble être à notre bénéfice. De multiples acteurs sont intéressés par l'achat de telles données : les publicitaires bien sûr, qui cherchent à mieux cibler leurs spots et dépliants, les partis politiques, qui veulent connaître en détails les préoccupations des citoyens, les assurances, friandes d'informations relatives à la santé afin d'ajuster leurs prix en fonction des efforts fournis par leurs clients pour rester en bonne santé.

Le pouvoir financier de ces firmes est gigantesque. Apple détient la plus importante trésorerie au monde avec près de 216 milliards de dollars de disponibilités, soit environ les 2/3 du budget de la France. Les GAFAM ont tout de même largement recours à la fraude et à l'évasion fiscale. Ces économies leur permettent ainsi de racheter rapidement de nombreuses start-up prospères ; nous avons alors affaire à une véritable concentration économique, à de véritables empires. Facebook illustre parfaitement ce phénomène avec le rachat de la plateforme Instagram 715 millions de dollars en 2012, puis celui de WhatsApp en 2014 pour 19 millions de dollars. Internet et les objets numériques nous promettaient d'incroyables avancées censées déboucher sur l'essor d'une économie du loisir, du partage et de la solidarité. Ces rêves sont devenus chimères par l'action de gigantesques multinationales dont la richesse et la puissance s'accroissent un peu plus à chaque seconde, à chaque donnée absorbée.

Nous avons évoqué le poids des médias mais ceux-ci sont de plus en plus dépendants des Big Data, les maîtres de l'internet néolibéral. En 2015, Facebook mit au point un algorithme capable de sélectionner les articles auxquels il faut donner une visibilité accrue. Un tel outil a fait de Facebook (Tik Tok a été bien plus loin depuis bien sûr) un filtre qui décide d'amplifier ou non une information selon ses propres considérations. Or, si les médias s'inspirent largement des données présentes sur internet, l'influence des réseaux sociaux s'étend au-delà de la toile. Nous avons tous vu une émission de télé ou un journal télévisé faire référence aux « tendances twitter » ou à la dernière publication sulfureuse de telle ou telle personnalité. Les réseaux sociaux ne proposent que des articles, des vidéos ou des sites reflétant les goûts que l'utilisateur aura mis en évidence. Ce fonctionnement enferme purement et simplement l'internaute dans un entonnoir en l'empêchant d'élargir le champ de ses connaissances, objectif qui constituait pourtant l'esprit initial du web. L'incidence sur la formation des cerveaux et sur le renforcement des idées reçues demeure un phénomène inquiétant. Un ensemble de spécialistes (pédopsychiatres, pédiatres, psychologues, enseignants et orthophonistes) se sont d'ailleurs rassemblés afin de demander à chacun d'entre nous d' « éloigner les enfants » des tablettes. Ils les accusent d'augmenter les troubles de l'attention, de retarder l'émergence du langage, d'entraver la construction du principe de causalité et des premières notions de temps, d'altérer le développement de la motricité ou encore de nuire à une socialisation adaptée. Plus globalement, les études scientifiques démontrent que l'exposition précoce aux écrans entraîne des incidences/effets négatifs majeurs sur le développement des fonctions cognitives [148]. Les entreprises du numérique investissent d'importants moyens pour faire de leurs produits les outils éducatifs par excellence de demain. Pourtant, à Los Altos, l'une des villes les plus riches de Californie et fief de ces firmes, il existe une école non connectée dont les trois quarts des effectifs sont les enfants de cadres d'Apple, de Yahoo, de Google, etc. Dans cet établissement, la *Waldorf School of the Peninsula*, les enfants n'ont pas le droit de toucher un écran de smartphone, d'iPad ou d'ordinateur avant la classe de quatrième ! La ministre de l'Éducation du gouvernement Valls, Najat Vallaud-Belkacem a quant à elle lancé le plan « Tablette pour une éducation digitale »

[148] Lemonde.fr, https://urls.fr/WtkzOi (consulté le 28 août 2018).

qui doit permettre d'équiper en premier lieu toutes les classes de 5ème avec pour objectif de faire de la France un leader en matière d'e-éducation. Mais le pouvoir d'influence des GAFAM est plus inquiétant encore. Deux chercheurs américains ont demandé à trois groupes de 700 Australiens de se renseigner sur les deux candidats au poste de Premier ministre de leur pays. Ils disposaient de multiples façons de s'informer mais les résultats proposés sur les postes informatiques furent truqués de manière à ce que les pages affichent uniquement des résultats favorables, défavorables ou neutres. Il leur a ensuite été demandé de dévoiler leur intention de vote. Le résultat obtenu dans chacun des deux groupes reflétait alors clairement les opinions transmises par les résultats du moteur de recherche. L'influence de la toile fut donc déterminante[149]. Plus la méfiance envers les médias traditionnels se développe, plus on accorde sa confiance aux informations du net et à leur supposée neutralité. Pourtant, celles-ci sont fonction d'algorithmes complexes configurés par les GAFAM dans le but de défendre leurs propres intérêts et d'imposer leur vision du monde. Pour beaucoup, l'outil numérique ouvre la voie à un cybermilitantisme (partage d'articles engagés, signature de pétitions en ligne, utilisation d'un moteur de recherche reversant ses bénéfices à des associations, etc.) permettant de se sentir impliqué face à de nombreux enjeux de société qui semblent parfois nous dépasser. Celui-ci n'est pas inintéressant mais peut donner l'illusion qu'il se suffit à lui-même pour changer le monde. Ce n'est en fait qu'un premier pas qui devrait être suivi de beaucoup d'autres, ne serait-ce que dans nos habitudes de consommation au quotidien. En outre, cette forme d'engagement virtuelle progresse au détriment de formes plus classiques, vectrices de lien social réel, moral et physique. Désormais, même le militantisme semble être une démarche isolée et individualiste. Ces tendances s'avèrent d'autant plus

---

[149] EPSTEIN R., ROBERTSON R., « the search engine manipulation effect and its possible impact on the outcomes of elections », PNAS, août 2015, 10 pages.

inquiétantes qu'à la naissance, le cerveau humain a la spécificité de ne pas avoir terminé son développement. C'est donc en interagissant avec son environnement social qu'il s'enrichit. Sa force réside dans l'échange et le collectif, comme le rappelle le sociologue Dominique Wolton : « L'essentiel pour l'Homme n'est pas l'image mais le contact »[150].

L'autre grand problème issu du Big Data concerne la défense de nos libertés. Depuis 10 ans, nous semblons confondre sécurité et conquête de la liberté, honnêteté et transparence. Comme le résume si bien Frank Pasquale, professeur de droit à l'université du Maryland, « La capacité de surveiller les moindres faits et gestes des autres, tout en cachant les siens, est la forme la plus haute de pouvoir. C'est le ressort central d'entreprises comme Google ou Facebook ». S'il est encore nécessaire de mettre en évidence la vision du monde défendue par les GAFAM, voici une déclaration d'Eric Schmidt, président de Google : « Pour le citoyen de demain, l'identité sera la plus précieuse des marchandises et c'est essentiellement en ligne qu'elle existera. Le pouvoir de cette nouvelle révolution des données : chacun de ses aspects négatifs appellera en retour un bienfait économique substantiel »[151]. Une illustration parlante est celle du bracelet connecté, fourni gratuitement par certaines compagnies d'assurance aux États-Unis afin de connaître, par exemple, le temps que vous passez en salle de sport. En échange, vous bénéficierez d'une remise de 15% sur votre contrat initial et le tarif sera réajusté à la hausse ou à la baisse en fonction de votre investissement dans l'entretien de votre santé. Notre vie intime serait donc de plus en plus exploitée mais nous en serions heureux grâce à de légères contreparties financières. De tels procédés sont d'ailleurs déjà testés auprès des bénéficiaires des aides sociales dans

---

[150] WOLTON Dominique, *l'autre mondialisation*, Paris : Flammarion, 2nd édition, 2010, 224 pages.
[151] COHEN Jared, SCHMIDT Eric, À nous d'écrire demain : comment les nouvelles technologies bouleversent le monde, 1ère édition, Paris : Denoël, 2013, p. 82.

certaines régions de Grande-Bretagne. Michel Foucault craignait ce qu'il appelait « la normalisation disciplinaire » [152]. Or, la généralisation des objets intelligents et son corollaire, la surveillance permanente, ont réellement pour but de « rendre les gens et les actes conformes au modèle ». Par peur de ne plus être dans la norme et de subir un décalage social, chacun devient son propre censeur. Ce n'est pas tout, M. Schmidt ajoute à l'attention de ses détracteurs : « Il sera de plus en plus difficile pour nous de garantir la vie privée. La raison est que, dans un monde de menaces asymétriques, le vrai anonymat est trop dangereux. Si vous faites quelque chose que vous souhaitez que personne ne sache, peut-être devriez-vous commencer par ne pas le faire »[153]. Difficile de résister dans une société où santé et sécurité seront les prétextes officiels à une totale transparence.

Nous serions donc honnêtes uniquement lorsque nous sommes surveillés. Accepter cette idée, c'est cautionner l'installation d'un nouveau système totalitaire. Selon un sondage Havas Media de septembre 2014, 30% des Français sont déjà prêts à vendre leurs données personnelles ; ils sont même 42% pour les plus jeunes (ces chiffres évoluent clairement mais l'on manque de sources fiables)[154]. Nous vivons dans un état d'impatience constamment entretenu par les GAFAM. Toute attente devient difficilement supportable. Le smartphone est la quintessence de ce phénomène car, grâce à son utilisation, l'on peut tout obtenir en quelques manipulations. La vitesse et l'individualisme se mélangent et forment alors un puissant démon que l'on ne peut combattre avec des armes traditionnelles. Pourtant, le développement de l'intelligence artificielle (IA) semble déjà rendre cette analyse en grande partie obsolète autant sur les plans économique, écologique, culturel, cognitif et politique. En effet, l'IA générative est

---

[152] Voir définition en fin d'ouvrage.

[153] COHEN Jared, SCHMIDT Eric, À nous d'écrire demain : comment les nouvelles technologies bouleversent le monde, op. cit. p. 134.

[154] Havas Media, « Les Français et leurs données, quelle place pour les marques ? », 30 septembre 2014, 68 pages.

déjà présentée comme une avancée ou une fatalité et l'ensemble des acteurs est appelé à l'accepter et à s'adapter.

Le combat pour la liberté est plus que jamais d'actualité. Pour Hannah Arendt, celle-ci s'acquiert d'ailleurs d'abord par la participation à l'activité politique et donc à la vie publique. Portons donc une réflexion sur nos valeurs, nos institutions républicaines et nos cadres éducatifs.

CHAPITRE III : VERS UNE DÉMOCRATIE AU SERVICE DU BIEN-ÊTRE

« L'individu concède d'abord une part de son pouvoir à l'État mais doit aussi parfois obéir à sa conscience lorsque l'État, la loi et les circonstances sont injustes »

Henri David Thoreau

Une grande série de réformes doit être mise en œuvre pour opérer des mutations indispensables et faire face aux colossaux enjeux environnementaux, démocratiques et sociaux. Elle devra s'attaquer au secteur bancaire, aux questions relatives au marché du travail, mais aussi à celles qui interrogent notre rôle de citoyen dans une société où la vitesse est devenue la règle et n'est plus l'exception. La priorité sera la remise en question des objectifs de nos sociétés modernes et, tout particulièrement, d'une croissance économique forte et continue.

Redynamiser la démocratie

Toutes les démocraties ne se valent pas en termes de pouvoirs réellement accordés au peuple. Nous avons pu constater l'ampleur des inégalités ; leurs conséquences dépassent la seule question de la richesse. Serge Dassault, richissime industriel dans l'armement, sénateur et propriétaire de nombreux médias, fut accusé en 2014 de corruption, d'achats de voix, de tentatives d'homicides ou encore d'abus de biens sociaux. Le Sénat refusa cependant de lever l'immunité relative à son statut, ce qui empêcha la justice de le juger[155]. La démocratie va mal alors que nous nous contentons de sa forme représentative la plus stricte. Ainsi, la participation des citoyens dans la société française de la Vème République se limite généralement au dépôt d'un bulletin de vote dans une urne à chaque rendez-vous électoral. Cela simplifie grandement le fonctionnement démocratique mais implique de nombreuses conséquences collatérales :

- Le désintérêt pour la chose publique. L'éducation et les médias portent une grande part de responsabilité mais lorsque le citoyen est entièrement évincé de la prise de décision, son sentiment d'impuissance ne fait que croître. En outre, les techniques de communication et l'image que les politiciens se construisent ont tendance à prendre le pas sur des sujets de plus en plus abstraits pour le citoyen lambda. Rappelons que la participation au premier tour des législatives, qui était de 80 % en 1958, est tombée à 60 % en 2007 puis à 47,5% en 2022.

- L'absence de représentativité dans les instances parlementaires. Prenons l'exemple de l'Assemblée Nationale : chaque circonscription élit son propre député et les partis dominants sont favorisés par le vote utile mais aussi par les sondages et les médias qui leur donnent une visibilité bien supérieure. Un parti politique récoltant 10% des suffrages à l'échelle nationale n'obtiendra pas le même pourcentage d'élus. Par ailleurs, les classes populaires, les jeunes et les femmes sont quasiment absents de l'hémicycle (les ouvriers et employés représentent cependant la moitié des actifs en France). À l'inverse, les avocats ou les chefs d'entreprises sont surreprésentés. Le monde politique est l'affaire de professionnels. En réalité, la définition d'un problème et des politiques publiques qui en découlent est laissée à la discrétion d'une élite économique qui devient également une élite politique.

---

[155] Lemonde.fr, https://urls.fr/CczKCX (consulté le 27 août 2017).

L'éducation est une composante essentielle d'une démocratie aboutie. L'Éducation Nationale nous apprend malheureusement à être avant tout des consommateurs en nous soumettant aux impératifs de la raison économique. Elle ne permet pas aux élèves citoyens de devenir autonomes car elle n'enseigne pas des domaines vitaux tels que la nutrition, la cuisine, le bricolage, etc. Nous faisons donc appel à des spécialistes qui remédient à notre incompétence :

- Nous sommes ignares en matière de santé, connaître les rudiments de la médecine permettant de soigner les maux les plus courants semble pourtant incontournable dans une société saine. Cela ouvrirait la voie d'une logique de prévention bien plus efficace en prenant véritablement en compte les causes, souvent profondes, économiques, sociales et environnementales.
- Nous ne savons absolument pas nous alimenter sainement ni produire notre nourriture.
- Nous n'apprenons pas à comprendre les institutions, leur utilité et leur fonctionnement.

Les experts restent nécessaires mais ils ne doivent pas se rendre fréquemment indispensables. L'école a pour mission inavouée de former des travailleurs, dociles et consommateurs. Cette destruction des capacités d'autonomie s'inscrit dans une logique de servitude. Les citoyens travailleurs sont dans l'impossibilité de produire ce qu'ils achètent et sont contraints de se satisfaire par la consommation.

Il nous faut traiter un autre aspect largement abordé par la sociologie, notamment celle de Pierre Bourdieu[156]. Celui-ci affirme que la culture scolaire est avant tout celle de la classe dominante, considérée comme légitime et indiscutable. La sélection des disciplines et le choix des contenus sont avant tout le résultat de rapports de force entre les groupes sociaux. La culture scolaire est donc une culture de classe et les critères de l'excellence, selon le corps enseignant, sont ceux des dominants qui

---

156 BOURDIEU Pierre, PASSERON Jean-Claude, *La reproduction : éléments pour une théorie du système d'enseignement*, 1ère édition, Paris : Éditions de Minuit, 1970, 284 pages.

imposent des contenus conformes à leurs intérêts. Il ajoute que :

« Les épreuves orales peuvent être considérées comme des épreuves de manières car elles sanctionnent davantage la forme que le fond, et ce, sur la base de signes subtils de reconnaissance sociale qui transparaissent à travers la posture, l'intonation. Les épreuves écrites comme la dissertation révèlent les mêmes dispositions dans le style employé. Dès lors, les critères d'évaluation formels sont moins importants que les normes informelles et implicites. Ce que l'on juge est moins l'excellence scolaire, que l'excellence sociale des candidats [...] l'école se montre « indifférente aux différences » ».

L'efficacité méritocratique de la domination repose sur l'idée qu'il existe des inégalités d'aptitudes ou de motivations. Ainsi, un candidat qui échoue n'aurait simplement pas suffisamment travaillé ou ne disposerait pas des talents nécessaires. Pourtant, ce sont les différences d'origine sociale qui expliquent la réussite de certains ; une véritable reproduction s'opère alors. Plus le milieu d'appartenance de l'élève est éloigné de la culture scolaire, moins il a de chances d'obtenir de bons résultats. Si les enfants des classes supérieures disposent d'un capital culturel issu de leurs familles (ouvrages, films, arts, loisirs...), ceux des classes populaires auront tout à apprendre et devront réaliser un processus de déculturation, ce qui est une forme de violence symbolique. C'est donc à travers l'habitus que la sélection va naturellement s'opérer. Loin d'être libératrice, l'école conserve et maintient la domination des classes populaires. À travers cette critique apparaît la possibilité d'imaginer une école de l'autonomie, de la solidarité, du respect du vivant, mais également celle des savoir-faire et des savoir-vivre. Les initiatives en faveur d'une éducation alternative sont nombreuses, la plus célèbre étant probablement le système Montessori qui met en avant l'existence de temps particuliers à dédier à l'apprentissage dans la vie de l'enfant ou encore le recours à une diversité de sens[157]. Il serait également pertinent de s'inspirer des idées d'Ivan Illich qui proposait une société sans écoles[158] en démultipliant les lieux d'apprentissage afin de permettre à chacun d'acquérir les connaissances et le savoir-faire qui l'intéressent. Selon lui, 4 réseaux sont alors nécessaires :

- Le premier permet de mettre à disposition des objets éducatifs : laboratoires, bibliothèques, musées, etc.
- Le deuxième constitue un service d'échange de connaissances grâce à des lieux et des outils dédiés.
- Le troisième est un réseau de communication destiné à faciliter les rencontres et à trouver des individus partageant les mêmes valeurs et les mêmes objectifs.
- Le dernier doit référencer toute personne souhaitant devenir éducateur.

Si ce modèle parait utopique, il n'en reste pas moins qu'il dépoussière très largement les institutions habituelles et apporte, encore aujourd'hui, de nombreuses propositions pertinentes. Il conviendrait également d'observer des d'initiatives intéressantes telles que l'école démocratique[159] ou, plus globalement, des pédagogies mettant en évidence l'existence de temps spécifiques dédiés à l'apprentissage[160], favorisant ainsi l'initiative, l'autonomie et l'épanouissement de l'enfant.

La France du XXIème siècle s'interroge également de plus en plus sur les tenants du système électoral de sa Vème République, questionnement qui donne une légitimité nouvelle aux principes d'une démocratie participative :

---

[157] Lire MONTESSORI Maria, *Éducation pour un monde nouveau*, 3ème édition, Paris : Desclée De Brouwer, 2010, 152 pages.

[158] ILLICH Ivan, *Une société sans écoles*, 2nd édition, Paris : Points, 2015, 119 pages.

[159] FARHANGI Ramïn, Pourquoi j'ai créé une école où les enfants font ce qu'ils veulent, Paris : Actes Sud, 2018, 192 pages.

[160] Tel que préconisé par la pédagogie Montessori pour ne parler que de la plus célèbre.

- Les élus sont nécessaires mais ne devraient pas être des professionnels issus d'un cursus d'études supérieures visant à former de futurs dirigeants dans un cadre strict, véritable carcan les empêchant d'innover. Même s'il peut être judicieux de limiter le nombre de mandats en interdisant le cumul et en instaurant une période obligatoire de 2 ans sans charge électorale, la première mesure visant à décourager la professionnalisation serait pécuniaire. Si les dirigeants sont véritablement au service du seul intérêt général, il n'y a aucune raison qu'ils bénéficient de revenus supérieurs à ceux du Français moyen. Ainsi, l'indemnité d'un député pourrait être limitée à deux fois le salaire médian français [161], même si certaines obligations professionnelles devront évidemment être prises en charge par les finances publiques (déplacements, matériel, etc.).

- L'intégration d'une importante part de proportionnel pour les élections législatives et européennes semble indispensable si l'on veut aboutir à une réelle représentativité. Ainsi, les circonscriptions seraient agrandies et ne permettraient de distribuer que 50% des sièges ; l'autre moitié serait alors attribuée proportionnellement au résultat national, ce qui rendrait le « vote utile » obsolète.

- Au sein de la Vème République, l'exécutif est bien trop puissant. Pertinent durant l'après-guerre, le système actuel est à bout de souffle et ne permet plus de répondre aux défis du XXIème siècle. Ceux-ci nécessitent avant tout une déconcentration des pouvoirs et une participation accrue de tous les acteurs[162].

- Enfin, il paraît indispensable d'intégrer le plus souvent possible des dispositifs de participation citoyenne directe à une échelle nationale et surtout locale. Le recours au référendum semble inévitable pour tout un ensemble de sujets de société ; les choix opérés en la matière pèseraient à long terme sur le pays.

---

[161] Environ 1800 € net.

[162] Lire BOURG Dominique, *Pour une 6ème République écologique*, 1ère édition, Paris : Odile Jacob, 2011, 205 pages.

Nombreux sont les thèmes pour lesquels l'appel à une consultation populaire aurait été légitime : l'adoption de la voiture individuelle comme modèle de mobilité, le nucléaire comme énergie dominante, l'agriculture intensive comme méthode de production alimentaire, l'abandon de services publics, etc. La participation locale ne doit pas être ponctuelle mais continue. En s'inspirant des initiatives des conseils de quartiers, l'on pourrait créer de nouvelles institutions disposant d'un véritable pouvoir (qui ne soit pas essentiellement consultatif), notamment dans les zones urbaines où se concentre désormais l'essentiel de la population. À l'inverse, dans les zones rurales, des structures équivalentes pourraient être mises en place à l'échelle d'une communauté de communes. Ces instances pourraient avoir une influence significative en matière d'urbanisme, de projets de villes, d'imposition, mais aussi de subventions favorisant l'installation de tel(le) ou tel(le) commerce / entreprise / association. Loin de l'idée que l'on s'en fait, la démocratie participative peut exister dans nos sociétés et ne doit pas nous effrayer. Le pire des régimes serait probablement celui où le peuple, n'ayant pas le droit de se tromper, n'aurait plus qu'à se taire et à laisser ceux qui savent, ceux qui pensent, agir à sa place. C'est pourtant bien cette méthode de pensée que nos institutions et nos médias ont érigé au fil des décennies.

Refuser le productivisme

Il est évident que la France est un pays riche. Pourtant, malgré un PIB très élevé et des échanges marchands considérablement développés, cette richesse reste extrêmement mal répartie et les inégalités économiques, sociales, alimentaires et sanitaires sont omniprésentes. L'accès aux biens de première nécessité n'est donc pas assuré tandis que les plus fortunés s'enferment dans des quartiers sécurisés en baignant dans un entre-soi manifeste. Or, nos besoins ne sont pas uniquement matériels mais aussi sociaux, culturels, relationnels. L'objectif productiviste n'est-il pas en train de nous éloigner du progrès humain ? En somme, une théorie qui fait du profit la règle exclusive et la fin ultime de l'activité économique n'est-elle pas moralement inacceptable ? Le célèbre économiste John Maynard Keynes prônait d'ailleurs une intervention plus importante de l'État afin de réguler les excès du capitalisme. Il considérait que ses petits enfants seraient bien plus riches et qu'ainsi tous les besoins nécessaires à l'épanouissement des individus pourraient être satisfaits. Il prétendait, dans une optique d'abondance matérielle, telle que nous l'expérimentons au XXIème siècle, que l'humanité se consacrerait à d'autres buts. Selon lui, l'amour de l'argent et la quête des besoins superficiels se rapprochent de plus en plus de la maladie mentale au fur et à mesure de l'accroissement des richesses, considérations qui sont à rapprocher de celles de David Ricardo et d'Adam Smith, les pères du libéralisme qui estimaient tous deux que la croissance matérielle aurait une fin et que la société se tournerait vers d'autres objectifs. Ces remarques sont d'autant plus pertinentes que la croissance économique (celle du PIB) impose la consommation constante et exponentielle de ressources naturelles. Le premier économiste à remettre en question leur supposé caractère infini fut Nicolas Georgesco-Rogen. Il affirmait que la consommation de ressources finirait inévitablement par entraîner un épuisement et que nos préoccupations doivent porter sur les solutions nous permettant de décroître, si nous voulons préserver les stocks naturels pour les générations futures. De nos jours, l'utopie consiste à croire que le monde est encore capable de nourrir nos désirs matérialistes insatiables. Ainsi, la croissance du transport individuel aggrave les problèmes de circulation et le bien-être en ville, ce qui encourage les urbains à utiliser leurs voitures pour éviter les désagréments de la pollution et du bruit. L'augmentation de la consommation d'énergies fossiles dégrade la qualité de l'air ; il est donc nécessaire d'avoir recours à des installations permettant de lutter contre la concentration des polluants, mais celles-ci sont également énergivores.

Il existe des centaines de cercles vicieux de la sorte dont l'existence ne peut être exclusivement remise en question par des solutions techniques qui ne prennent pas en compte l'origine du problème mais cherchent à en atténuer les conséquences, ce qui a pour effet de décupler les impacts ou d'en créer de nouveaux. L'écologie politique démontre qu'il peut être plus efficace et constructif de ménager les stocks naturels que de les exploiter, de soutenir les cycles naturels que de les modifier. Elle nous incite à sortir du productivisme et s'éloigne ainsi des deux modèles généralement présentés à tout à chacun, à savoir : le capitalisme et le communisme. En d'autres termes, les solutions « curatives » sont insuffisantes ; il est indispensable de s'intéresser aux origines systémiques des enjeux contemporains qui nous font face.

Certains avancent le terme de « décroissance » pour qualifier la voie que nous venons de décrire. De nombreux courants se réclament de ce concept qui effraie parfois, preuve d'une incompréhension latente des citoyens. Nous considérons ici la décroissance comme un projet de société qui donne la priorité à d'autres formes de croissance que celle du PIB ; elle ne la refuse pas pour autant mais cherche à la contrôler afin de limiter ses conséquences désastreuses. Il ne s'agit donc pas de récession (ralentissement de la croissance) ni de dépression (croissance négative). Dans ce cadre, tout ne doit pas décroître : l'objectif est de remettre en question la domination de l'économie sur nos imaginaires en privilégiant les questions de santé, de bien-être, de liens sociaux tout en respectant les trois règles de Daly[163] pour une société soutenable :

- Une ressource renouvelable « ne doit pas dépasser le rythme auquel elle se régénère ».
- Une ressource non renouvelable « ne doit pas dépasser le rythme auquel une ressource renouvelable, utilisée de façon soutenable, peut la remplacer ».

[163] MEADOWS Donella, MEADOWS Denis, RANDERS Jorgen, *Les limites à la croissance (dans un monde fini),* op.cit. p. 99-100.

- Une industrie émettrice de polluants « ne doit pas dépasser le rythme auquel ces polluants peuvent être recyclés, absorbés ou rendus inoffensifs dans un exutoire ».

Pour atteindre ces objectifs ambitieux, la transition économique devra faire de la relocalisation des lieux de consommation une priorité. Cela ne sera possible qu'en encourageant et en soutenant les petits commerces afin de les rendre plus compétitifs face aux grandes surfaces, qu'il s'agisse de supermarchés alimentaires, culturels ou ludiques. Une société écologique ne peut inciter une large partie de la population à se déplacer dans les grandes villes pour travailler, faire ses courses, se divertir (concerts, festivités diverses) ou trouver des produits culturels. Une autre priorité sera sans aucun doute la séparation des banques. Avant 1993, Paribas et BNP étaient deux entités distinctes. La première était une banque d'affaires autorisée à spéculer en bourse ; la seconde, une banque de dépôt au service de l'économie réelle. La déréglementation du secteur bancaire s'est propagée et a permis la fusion de ces deux types de banques[164]. Elles ont ainsi pu utiliser l'argent déposé par leurs clients et investir sur les marchés financiers, généralement dans des projets d'envergure à l'autre bout de la planète. Or, rétablir une séparation stricte mettrait fin aux spéculations à partir de nos comptes courants. En effet, si les établissements financiers privés n'ont plus accès à la bourse, ils seront forcés de se tourner davantage vers les PME pour faire fructifier leurs investissements, qui serviront alors à l'économie réelle et locale. En outre, une telle mesure réduirait fortement les risques en cas de crise majeure car la faillite d'une banque d'affaires n'aurait que peu d'impacts sur la société. Elle ne bénéficierait donc d'aucune garantie de l'État si elle se retrouvait en difficulté suite à une importante prise de risques. En matière de territoires, c'est l'Economie Sociale et Solidaire (ESS) qui devrait constituer l'avenir du statut de l'entreprise. Gouverner

[164] La France fut l'une des premières à abolir la distinction, avec la loi bancaire de 1984.

par ses salariés (modèle de la SCOP) ou un ensemble de parties prenantes (modèle de la SCIC), elle permet de mieux considérer l'intérêt collectif et l'intérêt général tout en mettant en évidence la définition d'une taille critique et des logiques de coopération régionales et nationales.

Les solutions économiques sont similaires à celles déjà proposées dans le rapport mondial sur le développement humain de 1998[165], avec notamment une redistribution des richesses en faveur des revenus les plus modestes, ce qui implique une réelle contribution fiscale des plus fortunés. Néanmoins, les actuels fraudeurs et évadés fiscaux seraient, pour beaucoup, susceptibles de redéfinir leurs propres revenus. Ils seraient ainsi en mesure de compenser l'augmentation de leur imposition par une élévation de leurs salaires, de leurs indemnités, de leurs dividendes ou encore de leurs « parachutes dorés ». L'économiste Jean Gadrey résume parfaitement ce risque : « Une fiscalité juste dans un système qui nourrit l'injustice est un rêve inaccessible. Autant lui préférer une fiscalité juste qui soit l'une des composantes d'une politique de l'égalité »[166]. Pour éviter ce problème, la solution la plus simple et la plus efficace consisterait simplement à imposer un revenu maximum autorisé. Son montant resterait à définir mais on peut raisonnablement considérer qu'il ne devrait pas dépasser les 10 000 euros mensuels. La transition écologique dans son ensemble semble compromise si l'on ne s'attaque pas à la pauvreté autrement que par une croissance constante de la production. Nous en voulons pour preuve l'augmentation du nombre de démunis et de personnes vivant sous le seuil de pauvreté dans les pays les plus développés. Ceux-ci ont bien souvent d'autres préoccupations que la seule protection de l'environnement. Au-delà de ce constat, le système

---

[165] FUKUDA-PARR Sakiko, JOLLY Richard, *Rapport mondial sur le développement humain*, 1ère édition, Paris : Economica, 1998, 254 pages.
[166] GADREY Jean, *En finir avec les inégalités*, 1ère édition, 2006, Paris : Mango Littérature, p. 111.

reproduit sans cesse des pénuries en instituant un droit d'accès onéreux aux produits issus de l'innovation, le productivisme engendre alors de nouvelles formes de richesses et de nouveaux privilèges. Ainsi, avoir l'opportunité de vivre dans un endroit calme n'est plus à la portée de quiconque tant la ville est désormais tentaculaire, alors qu'elle demeure un atout dans la recherche d'un emploi ou dans la poursuite d'études. Vivre à la campagne et mener sa vie professionnelle en ville devient chronophage et engendre des coûts financiers et environnementaux. Dans un autre domaine, la recherche sur la conception d'un cœur artificiel a coûté des milliards d'euros et ne servira pourtant qu'à prolonger l'espérance de vie d'une poignée d'ultra-riches. Une fraction de cette somme aurait permis le traitement de centaines de millions de personnes souffrant de maladies aisément identifiables et curables de nos jours [167]. Notons que cette vision de la recherche médicale entretient la pire des illusions : la science serait bientôt en capacité de tout guérir et rendrait la prévention inutile. Il s'agit donc bien d'un choix qui démontre parfaitement l'absence de neutralité des chercheurs dans un contexte de privatisation de la santé. Or, la véritable origine des inégalités dans l'accès aux soins est à rechercher dans la nature des biens que nous produisons ainsi que dans le modèle de consommation. Il est de notoriété publique que nous fabriquons majoritairement des produits jetables dont l'obsolescence est programmée dès leur conception, notamment dans le secteur de l'électronique, du numérique, du textile... Cette hérésie est inévitable dans un système capitaliste qui impose une production continue et une consommation sans cesse renouvelée. Se défaire de cette logique nous permettrait de fabriquer et de rendre accessibles des biens essentiels, aisément réparables et économes en énergie. Pour y parvenir, il est également impératif d'accroître le temps libre en réduisant le temps de travail.

---

[167] Lemonde.fr, https://urls.fr/UY9m4t (Consulté le 27 août 2014).

Reconsidérer la valeur « travail »

Hannah Arendt considérait que le travail doit servir avant tout à répondre à nos besoins vitaux, qu'il est indispensable de limiter sa durée afin d'éviter que la vie ne devienne une quête d'abondance sans fin, subordonnée à la production et à la consommation. Pourtant, de nombreux économistes et politiciens libéraux affirment que diminuer le temps de travail ne constitue pas une solution satisfaisante dans la lutte contre le chômage ; l'augmentation du coût de la main d'œuvre qui en découlerait rendrait cette mesure contre-productive. Prenons l'exemple du passage aux 35 heures (au lieu de 39) par semaine en France au début des années 2000. L'effet de la mesure est difficilement quantifiable puisqu'une embellie économique a suivi sa mise en place, le PIB progressant de 16% entre 1997 et 2002. Cependant, il n'y a jamais eu autant de créations d'emplois par point de produit intérieur brut (PIB) supplémentaire que durant cette période, 125 000 en moyenne ! En comparaison, entre 2004 et 2007, alors que la croissance progressait de 9,5 %, seuls 600 000 emplois ont été créés, soit 63 000 par point de PIB[168]. Contrairement à ce qu'avancent les économistes classiques, la croissance n'est donc pas le seul facteur créateur d'emplois. Le coût du travail n'a pas davantage souffert de cette réforme. Au-delà des aspects purement économiques, les conquêtes sociales des 19ème et 20ème siècles ont été indispensables au développement des indicateurs de bien-être. Dans les pays où les acquis sociaux ont été remis en cause, les salariés à temps partiel sont bien plus nombreux. En Allemagne, 27% des emplois salariés sont à temps partiel contre seulement 18% en France. Entre 2001 et 2017, 70% des emplois allemands créés sont à temps partiel contre 20% en France. Si l'on comptabilise l'ensemble des salariés, l'on travaille, de manière générale, davantage en France

---

[168] Alterecoplus.fr, https://urls.fr/C0Nu4J (consulté le 28 août 2018).

qu'en Allemagne ! La durée hebdomadaire moyenne du travail de l'ensemble des actifs occupés en France est ainsi de 37,5 heures contre 35,5 au Royaume-Uni ou encore 35,3 heures en Allemagne[169]. En outre, les Français travaillent plus efficacement, ils ont une productivité horaire de 45,5 € de richesse produite par heure contre 42,6 € pour les Allemands ! [170] The Economist, magazine libéral, résume la chose ainsi : « Les Français pourraient être en congés le vendredi, ils produiraient encore davantage que les Britanniques en une semaine »[171]. Les clichés persistent malgré tout.

Ces questionnements ne doivent pas nous faire oublier que le travail doit également permettre à l'individu de s'épanouir. La mise en place d'un revenu de base constituerait une première piste pour atteindre cet objectif en permettant à chacun de travailler à la hauteur de ses besoins. Celui-ci porte bien des noms différents mais peut se définir comme « un droit inaliénable, inconditionnel, cumulable avec d'autres revenus, distribué par une communauté politique à tous ses membres, de la naissance à la mort, sur base individuelle, sans contrôle des ressources ni exigence de contrepartie, dont le montant et le financement sont ajustés démocratiquement » [172]. Ses avantages sont nombreux[173], notamment la disparition des angoisses individuelles liées au chômage, ce qui rendrait plus accessible la réalisation d'objectifs personnels, actuellement complexes à atteindre en raison du manque de temps lorsque l'on occupe un emploi. Souvent critiqué pour son coût supposé, il engendrerait des économies substantielles en mettant fin à la lutte contre la fraude au RSA car son montant serait le même

---

[169] Idem.

[170] Tous ces chiffres sont issus de l'Institut statistique européen Eurostat 2014.

[171] Economist.com, https://urls.fr/LCvVWP (consulté le 27 août 2017).

[172] Définition du Mouvement Français pour un Revenu de Base.

[173] Il existe bien des modèles différents pour envisager une telle mesure. Nous nous opposons évidemment à ceux qui souhaitent que ce revenu universel remplace toutes les autres prestations sociales en diminuant l'interventionnisme d'État.

pour tous. Les plus aisés le rembourseraient intégralement par l'impôt. L'épanouissement de chacun permettrait également la fin de certaines pratiques d'employeurs peu scrupuleux, tels qu'Amazon, qui ont adopté un système de management par la terreur[174]. Cesser l'acceptation de ces pratiques, mais aussi les aides à ce type d'entreprises, serait d'autant plus utile que, par exemple dans ce cas particulier, pour un chiffre d'affaires équivalent, les librairies de quartiers offrent 2 fois plus d'emplois que les grandes surfaces culturelles, 3 fois plus que la grande distribution et 18 fois plus qu'un géant comme Amazon [175]. Cette démonstration est également valable pour les « super enseignes », qu'elles soient spécialisées dans l'alimentaire, la culture ou le sport. Les études contemporaines tendent à prouver que la réduction du temps de travail est une nécessité commune car cela favorise l'investissement de notre temps libre dans l'associatif, dans la réduction de notre empreinte écologique, dans le développement de notre esprit critique, etc. [176]. Examinons maintenant des aspects plus pragmatiques.

Pourquoi constituer ensemble une société organisée si notre objectif est de travailler et de produire sans cesse ? En 1933 déjà, Albert Einstein prônait la réduction du temps de travail, susceptible selon lui de « supprimer le chômage »[177]. Pour les économistes Dominique Méda et Pierre Larrouturou, il est absurde d'attendre indéfiniment le retour de la croissance. Les 35 heures, la Sécurité sociale et l'ensemble des acquis sociaux ne sont aucunement dus au hasard mais sont le résultat d'un long combat depuis la loi de 1841 interdisant le travail des enfants de moins de 8 ans et limitant la durée de travail de ceux de 8 à 12 ans. Vinrent ensuite les lois de 1874, de 1892, de 1900 et de 1906 encadrant le temps

---

[174] Liberation.fr, https://urls.fr/npqjvR (consulté le 27 août 2017).
[175] Syndicat-librairie.fr, https://urls.fr/wCE4DK (consulté le 27 août 2017).
[176] MEURISSE François, « Le climat applaudit les RTT », Terraeco, Octobre 2010, n°18, p. 17.
[177] EINSTEIN Albert, *Comment je vois le monde*, deuxième édition, 1958, Paris : Flammarion, p. 103.

de travail de certaines catégories de la population, puis de l'ensemble d'entre elles. Ce n'est qu'en 1936 que, grâce à l'épisode du Front Populaire, on limita fortement la durée hebdomadaire du travail et qu'on mit en place les premiers congés payés. Personne ne remettrait en question le bien-fondé de ces mesures de nos jours ; pourtant, à l'époque, les contestations furent légion, notamment du côté du patronat qui considérait que la France pourrait bien ne pas s'en remettre. Il semble évident qu'il est plus facile d'apprécier son travail et de s'y consacrer pleinement lorsque l'on ne se sent pas étouffé par celui-ci ; alors faisons en sorte que tous travaillent mais travaillent moins ! Le passage des 35 heures aux 32 heures n'est pas seulement possible, il est largement souhaitable. Il inciterait les entreprises à embaucher. En jouant le jeu, elles obtiendraient d'importantes exonérations de cotisations sociales dont le montant dépendrait de l'évolution de leur masse salariale [178]. Nous conserverons des gouvernements libéraux l'idée qu'un programme intense de formation semble sensé pour une réinsertion satisfaisante des chômeurs de longue durée. Néanmoins, ces stages devraient être perçus comme une opportunité pour l'ensemble de la société car ils donneraient la priorité à l'acquisition de nouvelles compétences clés pour la réussite de notre transition écologique. La réalisation d'une transition écologique complète offrirait en effet un gigantesque potentiel de création d'emplois sur de nombreuses années car cette mutation sociétale aurait des répercussions positives dans tous les secteurs économiques. L'affirmation du changement de paradigme devra passer par l'adoption d'un indicateur remplaçant enfin officiellement le PIB. Ce pourrait être *le Happy Planet Index*. Celui-ci attribue à chaque pays un score allant de 0 à 100 à partir de quatre indicateurs : l'empreinte écologique, l'espérance de vie, le degré de bien-être des populations (défini par sondage qualitatif) et l'indicateur d'inégalité des revenus.

---

[178] LARROUTUROU Pierre, MEDA Dominique, *Einstein avait raison : il faut réduire le temps de travail*, op. cit. p. 170-171.

PARTIE III
L'ALIMENTATION POUR SE RECONNECTER AU VIVANT

CHAPITRE I : LORSQUE LA FERME EST DEVENUE UNE USINE

« La grandeur d'une nation et son avancement moral peuvent être appréciés par la façon dont elle traite les animaux »

Mahatma Gandhi

La manière dont nous produisons notre alimentation a une influence colossale sur notre environnement, sur la qualité de la ressource en eau, sur la préservation des forêts ou encore sur le climat. En effet, presque la moitié des émissions de gaz à effet de serre est liée à la production de nos aliments et, plus précisément, aux exigences de l'industrie agro-alimentaire. Il faut également prendre en compte les questions éthiques impactant des populations humaines ou animales. Cette troisième phase de notre réflexion portera sur des considérations plus concrètes et remettra en question certains aspects de notre alimentation moderne. Il nous faut analyser certains éléments du passé afin de mieux saisir la situation dans laquelle nous nous trouvons, situation qui s'explique en grande partie par les origines de notre modèle agricole.

Remembrement du monde rural

Au XIXème siècle, les termes « paysans » ou « campagnes » exprimaient la ruralité et étaient surtout utilisés par les élites urbaines. Ils induisaient un rapport de domination et ont influencé nos conceptions modernes. Depuis l'époque des Lumières, deux légendes du monde rural s'affrontent :

-La légende rose : le paysan incarnerait l'Homme à l'état de nature, non corrompu par la civilisation, non soumis au déterminisme. Il serait bon par définition et exempt des vices du monde urbain car il accepte les règles de la nature.

-La légende noire : le paysan incarnerait la catégorie humaine la plus vile, sans éducation ni dimension spirituelle. Ne bénéficiant pas de la raison, il serait plongé dans le monde de l'obscurité et soumis à toutes les superstitions.

Depuis des siècles, la France est le pays qui se délecte le plus de l'opposition entre villes et campagnes, des contes du « rat des villes » et du « rat des champs » jusqu'aux débats contemporains autour des caractéristiques d'une agriculture raisonnable pour les humains et la nature. Au XVIIIème siècle, l'on opposait déjà l'univers physique, celui de la nature et du corps, qui obéit à des droits et est moralement neutre (il est l'objet des sciences), à l'univers de la culture, qui évoque une société humaine organisée et rationnelle, et dans lequel se retrouvent l'art, la religion, les faits politiques et l'ordre social. En d'autres termes, il s'agit de la genèse de la confrontation entre Nature et Culture, idée évolutionniste selon laquelle l'Homme vient de la nature et devient un être entièrement culturel gouverné par la raison et par le principe de liberté en se hissant au-dessus de la nature. Le XXème siècle parviendra à extirper le monde rural de cet archaïsme présumé pour l'inscrire dans les logiques industrielles d'une économie productiviste.

Au lendemain de la Seconde Guerre mondiale, la France est exsangue ; elle a faim, les tickets de rationnement perdureront jusqu'en 1949. L'occupation a traumatisé la population, on souffre de disette ; le pays est incapable de nourrir ses habitants, ce qui est vécu comme une véritable humiliation nationale. Cependant, la terre reste fertile, le potentiel de l'agriculture est intact et peut donc constituer une véritable arme au service du développement économique de l'hexagone. Le régime de Vichy vantait les mérites des paysans car « la terre, elle, ne ment pas »[179]. Le marché noir et l'affiliation au maréchal Pétain déchu jettent l'opprobre sur la population paysanne et sa conception de l'agriculture. Tous les critères d'une transformation réussie du monde agricole sont réunis, les élites mettent alors aisément en place les mutations qu'elles jugent nécessaires, notamment en procédant à un remembrement du monde rural[180]. Aujourd'hui, le secteur agricole ne mobilise plus que 3% de la population active contre 50% à l'entrée de la Seconde Guerre mondiale et 90% dans la seconde moitié du XIXème siècle. Les Trente Glorieuses ont donc mis fin à l'agriculture de peuplement qui consistait à occuper la terre et à assurer le revenu des populations grâce à la polyculture et à la multiplicité des activités économiques. La nouvelle logique défendue est alors celle de l'intégration au marché, de la rentabilité ; à cette fin les exploitations agricoles vont devoir prouver qu'elles sont suffisamment rentables pour faire face au défi de la compétition intra/internationale. Cela prendra la forme d'une injonction des grands offices tels que les chambres d'agriculture, les syndicats, les décideurs politiques ou encore l'INRA (Institut National de la Recherche Agronomique) : « Paysans, devenez des entrepreneurs ou disparaissez »[181]. Pour initier cette transformation, des techniciens agricoles vont parcourir le pays et conseiller les exploitants, en faire des producteurs rationnels et imposer le productivisme comme nouveau paradigme. La modernisation est autoritaire ; elle vient d'en haut. L'agriculteur est soumis à une pression permanente qui exige de lui l'expansion croissante de son exploitation ; celle-ci doit être suffisamment rentable pour pouvoir subsister. Les logiques de solidarité ancestrales disparaissent progressivement et l'entente entre voisins laisse place à la concurrence. Les contraintes de la transformation du modèle agricole et

---

[179] Célèbre expression utilisée par le Maréchal Pétain pour expliquer la défaite française face à l'Allemagne.

[180] Voir définition en fin d'ouvrage.

[181] Formule empruntée à Pierre Cornu, Maître de conférences à l'Université Lumière Lyon II.

l'attrait de la vie en ville auront raison de la volonté de l'essentiel des fils d'agriculteurs, découragés à l'idée de reprendre l'exploitation de leurs aïeuls.

Les techniques elles-mêmes vont également être modifiées en profondeur car le productivisme nécessite une évolution des pratiques :

- La main d'œuvre allouée par hectare diminue drastiquement avec le départ des fils d'agriculteurs.
- La monoculture exige une sélection des semences de manière à ne conserver que les variétés les plus productives. Ainsi, le maïs en compte des centaines mais très peu sont utilisées dans le monde agricole. L'opération ayant lieu dans un écosystème artificiel, on obtient des variétés extrêmement fragiles face à des conditions climatiques changeantes ou à des épisodes météorologiques difficiles.
- L'usage de la chimie (engrais, pesticides) est généralisé et les techniques de jachère disparaissent. Les engrais vont notamment permettre de fournir aux plantes des substances nutritives telles que l'azote, le phosphore et le potassium.
- Les outils sont motorisés.

Le remembrement des Trente Glorieuses, c'est tout cela mais c'est avant tout le passage d'un modèle à un autre, d'une agriculture du peuplement à une agriculture de production. D'autres stratégies plus respectueuses de la nature et des êtres vivants auraient pourtant pu être retenus. Reste maintenant à comprendre les conséquences de cette agriculture industrielle.

Trois quarts de siècle de pesticides

Les pesticides incarnent la lutte contre les « nuisibles » (le suffixe « cide » signifiant tuer) dont le nombre n'a fait que progresser au fil des décennies. Nous considérons donc qu'un nombre croissant d'espèces vivantes constitue une menace pour le monde tel que nous le concevons. Ces produits phytosanitaires comprennent les fongicides, les insecticides, les herbicides et bien d'autres et sont utilisés dans les exploitations agricoles ou les espaces verts. Il s'agit de particules volatiles qui se répandent sur les cultures mais aussi aux alentours. Un tiers se retrouve sur les plantes alimentaires, un tiers dans les eaux et les sols et un tiers dans l'air[182]. La France est le principal utilisateur de pesticides en Europe, devant l'Allemagne et l'Espagne[183]. Ces produits chimiques ont ainsi déjà pollué plus de 94% de nos eaux de surface et 54% de nos nappes phréatiques[184]. La Bretagne est de loin la zone la plus touchée. Dans la région de Rennes, 60% des eaux de pluie contiennent plus de 0,1 microgramme de pesticide par litre, soit la concentration maximale admissible pour l'eau de distribution. Les brouillards locaux dépassent depuis longtemps des teneurs de 140 microgrammes par litre[185] ! Les néonicotinoïdes ont particulièrement été montrés du doigt ces dernières années du fait du choix du gouvernement qui, en 2020, acta nombre d'exceptions permettant leur utilisation. Ils représentent 40% du marché des insecticides et se distinguent par leur utilisation bien particulière. Ils sont en effet le plus souvent utilisés en enrobage de semences, de manière préventive ; la toxine circule alors dans tout le système vasculaire de la plante et le pollen comme le nectar se retrouvent pleinement contaminés. Ce principe engendre forcément des ravages, surtout du côté des pollinisateurs.

Les aliments ne contiennent pas tous les mêmes quantités de pesticides. Les pommes sont parmi les plus exposées puisqu'elles subissent entre 21 et 36 traitements par an, mais ce sont les champignons qui sont le plus traités du fait de l'humidité et de leur fragilité. Les produits animaux, notamment la viande, restent pourtant les plus contaminés. Les pesticides présents dans les céréales consommées par les animaux

---

[182] INRA, « Evaluer l'impact des pesticides sur l'environnement », courrier de l'environnement, août 1997, n°31, 22 pages.
[183] Sciencesetavenir.fr, https://urls.fr/WjDPMU (consulté le 27 août 2018).
[184] Statistiques.developpement-durable.gouv.fr, https://urls.fr/GHd9uh (consulté le 27 août 2017).
[185] Environnement magazine, n°1587, mai 2000.

subsistent en effet dans l'organisme. Les exploitants agricoles connaissent des difficultés pour se conformer aux normes car des phénomènes de résistance aux « nuisibles » les obligent à utiliser toujours plus de produits (ou des produits plus puissants) pour obtenir un résultat identique.

La première directive européenne fixant une limite aux résidus dans les fruits et légumes n'a vu le jour qu'en 1976. L'Union européenne a alors mis en place une commission qui étudia la toxicité des produits antiparasitaires à usage agricole et établit la DSE (Dose Sans Effet). En la divisant par cent, on obtient la DJA (Dose Journalière Admissible). Enfin, à partir de cette DJA, on définit la LMR (Limite Maximale de Résidus) au-delà de laquelle la commercialisation d'un produit alimentaire n'est plus autorisée. Les États doivent réaliser des contrôles et vérifier que la LMR est respectée. Le hic, c'est que la DJA est largement remise en question car nombre d'études démontrent que même des quantités infinitésimales peuvent avoir des conséquences sur la santé à long terme. De plus, les pesticides sont les polluants organiques parmi les plus pernicieux ; ils agissent à des concentrations bien en deçà des seuils de détection. Ils s'accumulent dans les graisses et se transmettent génération après génération[186].

Des milliers d'enquêtes ont démontré les effets négatifs des pesticides sur notre santé. On trouve ainsi plus de 400 polluants dans les gènes de fœtus humains et les pesticides y figurent parmi les plus présents. Avec l'effet de « bioaccumulation »[187], plus une espèce est

---

[186] NICOLINO Fabrice, VEILLERETTE François, *Pesticides*, 1ère édition, Paris : Fayard, 2007, 384 pages.

[187] La bioaccumulation est l'absorption de substances chimiques présentes dans l'environnement, et leur concentration dans certains tissus par les organismes. Plus l'individu concerné est proche du sommet de la chaîne alimentaire, plus il sera impacté par ce phénomène. Dans le cas de substances toxiques, même rares dans l'environnement, cela peut atteindre des seuils dangereux et engendrer des pathologies.

haute dans la chaîne alimentaire, plus elle sera susceptible de concentrer les polluants présents dans l'ensemble de la biodiversité. L'Homme est donc probablement l'une des espèces qui en absorbe les doses les plus importantes. Ces travaux visent généralement à vérifier l'existence d'une corrélation entre la concentration des pesticides dans un organisme humain et le développement de maladies graves. Ils nous livrent les indications suivantes :

➢ Au sujet des maladies neuronales :

Les travailleurs du secteur agricole sont 2,3 fois plus susceptibles d'être atteints de la maladie d'Alzheimer et 5,6 fois plus susceptibles de contracter la maladie de Parkinson [188] . L'exposition régulière aux pesticides (habiter à proximité d'une installation agricole est suffisant) augmente le risque de maladie de Parkinson de 70%[189].

➢ Au sujet des malformations :

Pour un Français vivant en milieu rural, le risque d'avoir un enfant atteint est 18 fois plus important.

➢ Au sujet du système immunitaire :

Les pesticides ont un effet immunosuppressif qui conduit à un affaiblissement généralisé du corps et à une incapacité pour celui-ci de se défendre face à un ensemble de maladies[190].

➢ Au sujet des cancers :

Chaque année en France, près de 300 000 cancers sont diagnostiqués et 150 000 personnes en décèdent. Le plus inquiétant est l'évolution du phénomène puisqu'on note une hausse de 63% entre 1978 et 2000.

---

[188] BALDI Isabelle, GRUBER Anne, RONDEAU Virginie, LEBAILLY Pierre, BROCHARD Patrick, FABRIGOULE Colette, « neuropsychologic effects of long term exposure to pesticides : *results from the 4-year follow-up of the PHYTONER Study* », Occupational and Environmental Medicine, Novembre 2010, n°68, p. 108-115.

[189] ASCHERIO Alberto, CHEN Honglei, WEISSKOPF Marc, O'REILLY Eilis, MC CULLOUGH Marjorie, CALLE Eugenia, SCHWARZSCHILD Michael, THUN Michael, « Pesticide exposure and risk for parkinson's disease, 2006 », Annals of neurology, août 2006, n°60, p. 197-203.

[190] THOMAS P., « Immunologic effects of pesticides », Advances in Modern Environmental Toxicology, 1988, n°18, p. 261-295.

Aujourd'hui, un homme sur 3 et 1 femme sur 4 en meurent[191]. On accuse principalement le tabac et l'alcool. Si leur impact ne fait aucun doute, il s'avère indispensable de nuancer leur part de responsabilité. Effectivement, depuis 1953, la part de fumeurs réguliers chez les hommes est passée de 72 à 33% alors que le nombre de cancers du poumon n'a cessé de progresser. D'autres recherches ont démontré des liens importants entre l'exposition aux pesticides et les cancers lymphatiques et celui du cerveau[192]. La célèbre revue « Nature » publia en mars 2016 une étude selon laquelle 70 à 90% des cancers sont dus à des causes environnementales[193], notamment aux pesticides et aux matières plastiques.

➢ Au sujet de la fertilité :

Les pesticides sont également des perturbateurs endocriniens. Ceux-ci miment les hormones femelles et ont donc un effet direct sur la fertilité, notamment sur celles des mâles. Entre 1930 et 1990, la quantité de spermatozoïdes dans le sperme humain aurait diminué de 50% selon le *British Medical Journal*[194]. Entre 1973 et 1992, la concentration de spermatozoïdes des hommes habitant en région parisienne a baissé de 2% par an[195]. Cela n'affecte pas que les hommes puisque le risque de stérilité pour une femme est 27 fois plus élevé dans le cas d'une utilisation fréquente de pesticides dans le

---

191 BARBIER Geneviève, FARRACHI Armand, *La société cancérigène : lutte-t-on vraiment contre le cancer ?*, Paris : La Martinière, 2004, 180 pages.

192 BALDI Isabelle, « Pesticides et tumeurs cérébrales chez l'adulte », Colloque « Cancers professionnels » ARC, 22/03/2006.

193 HANUN Y., POWERS S., WU S., ZHU W., "Substantial contribution of extrinsic risk factors to cancer development", Nature, 7 janvier 2016, n°529, p. 43-47.

194 CARLSEN E., GIWERCMAN A., KEIDING N., SHAKKEBAEK N., « evidence for decreasing quality of semen during past 50 years », British Medical Journal, BMJ 1992, 1992, p. 305-609.

195 AUGER Jacques, KUNSTMANN Jean-Marie, CZYGLIK Françoise, JOUANNET Pierre, « decline in semen quality among fertile men in Paris during the past years », The New England Journal of Medicine, 1995, n°332, p. 281-285.

cadre professionnel[196]. Enfin, en 1991, 14% des couples tentant d'avoir un enfant n'y sont pas parvenus au bout d'un an. Vingt et un ans plus tard, ils étaient 24%[197].

L'action de certaines enzymes permet de nettoyer l'ensemble des polluants organiques. Malheureusement, leur efficacité est bien inférieure à l'ampleur de notre exposition quotidienne. Rappelons que la France est championne d'Europe en matière de consommation de pesticides, le sang des Français en contiendrait ainsi trois fois plus que celui des États-uniens ou des Allemands[198].

La pratique de l'élevage industriel

L'industrie agro-alimentaire et l'agriculture ont évolué, les nouvelles méthodes d'élevage, terrestres comme piscicoles, ont rendu nos fermes méconnaissables. Les premières pratiques de l'élevage industriel remontent au début du XXème siècle mais leur généralisation ne débute que dans le courant des années 1950 aux États-Unis et en Europe occidentale. Si la ferme devient une entreprise, l'objectif principal devient la rentabilité, il est alors nécessaire de favoriser une croissance rapide des animaux afin d'augmenter la production. À cette fin, différents moyens sont utilisés, en particulier :

- La concentration d'animaux dans l'espace le plus confiné possible afin de limiter les efforts physiques risquant de réduire le poids de l'animal.
- Une nourriture à base de céréales et de légumineuses (généralement du soja).
- La sélection des espèces les plus performantes. À titre d'exemple, nos poules pondeuses ne sont pas de la même espèce que nos poulets de chair.

---

[196] GREENLEE Anne, ARBUCKLE Tye, CHYOU Po-Huang, Po-Huang, « Risk factors for female infertility in an agricultural region » Epidemology, 2003, n°14, p. 429-436.
[197] SLAMA R., "La fertilité des couples en France", Bulletin épidémiologique hebdomadaire, février 2012, n°7-8-9, p. 3.
[198] Lexpress.fr, https://urls.fr/AE8sac (consulté le 27 août 2017).

- L'utilisation d'antibiotiques à titre pré-biotique (préventif) dans le but de diminuer les pertes animales. Cela permet en outre d'éliminer les micro-organismes se nourrissant des aliments en cours de digestion.

Grâce à ces dispositions, les éleveurs font abattre leurs bêtes bien plus rapidement, ce qui entraîne une augmentation inédite de la production et de la consommation de viande (et plus globalement de produits animaux). Tout cela a des conséquences sociétales particulièrement préoccupantes.

L'agriculture française ne peut nourrir ses animaux en ayant uniquement recours à son propre sol. La viande obtenue par le biais de l'élevage mobilise effectivement de nombreuses ressources alimentaires. Il faut environ 4 protéines végétales pour obtenir 1 protéine de poulet et jusqu'à 16 protéines végétales pour 1 protéine de bœuf ! C'est ainsi que, chaque année, 1 milliard de tonnes de céréales, soit 50% des ressources mondiales, servent à nourrir les animaux qui finiront dans nos assiettes. Produire de la viande consomme également d'importantes quantités d'eau. La production d'un steak de bœuf de 100 grammes nécessite plus de 1500 litres d'eau, l'équivalent de 4 mois de douche pour un individu. La consommation de viande ne cesse pourtant de progresser et il devient de plus en plus complexe de produire suffisamment de ressources céréalières pour les animaux d'élevage. C'est pourquoi certains pays européens, les États-Unis et, plus encore, la Chine, ont recours à l'achat de terres arables (généralement les plus qualitatives) à l'étranger pour produire sur place ce qu'ils importent ensuite afin de nourrir les animaux élevés sur leur territoire. Cette pratique se fait évidemment au détriment des populations locales rejetées et paupérisées en ville. En parallèle, on notera que ces mêmes pays exercent fréquemment des pressions économiques sur d'autres, fragiles économiquement. Ainsi, le Niger, généralement excédentaire en production alimentaire, abrite une population souffrant de la faim.

Tout est bon pour augmenter la production céréalière destinée à l'élevage. En effet, étant donné que gagner de l'espace au détriment des populations les plus fragiles ne lui suffit pas, l'industrie agro-alimentaire empiète sur la nature. La principale cause de la déforestation amazonienne est liée à cette extension des cultures et des élevages qui vise à répondre à la consommation mondiale de viande. Les conséquences sont irrémédiables : des écosystèmes dégradés voire anéantis à jamais, une réduction de la biodiversité, et bien sûr, des dérèglements climatiques. Soumis au productivisme, l'élevage constitue l'industrie la plus polluante en la matière en participant à hauteur de 18% au changement climatique[199]. L'on peut ajouter à cela des phénomènes imprévus d'eutrophisation causés par la forte densité d'animaux d'élevage. En France, ce sont avant tout les élevages porcins qui sont incriminés. Les engrais azotés utilisés en agriculture se retrouvent non seulement dans les sols mais aussi dans les excréments du cheptel animalier et finissent dans le cycle de l'eau. Or, cette concentration d'azote favorise la croissance de certaines espèces, notamment celle des algues vertes, et les rivières et les fleuves ainsi affectés se jettent en mer. Leur prolifération est alors inévitable et beaucoup finissent par se détacher des fonds marins pour couvrir la surface ; d'autres s'échouent sur les plages et dégagent du sulfure d'hydrogène lors de leur décomposition, un gaz aussi mortel que le cyanure. Concrètement, les algues prolifèrent, se détachent des fonds océaniques et recouvrent la surface de l'eau, rendant l'oxygène plus rare, ce qui menace fortement la survie des écosystèmes aquatiques.

Aspects environnementaux et aspects sanitaires sont généralement étroitement liés. Nous avons déjà dénoncé la concentration des pesticides dans la viande ; il faut également savoir que la quasi-totalité des animaux sont nourris majoritairement avec du soja OGM. La consommation quotidienne de viande (rouge

---

[199] JUTZI S., "Livestock's long shadow", op. cit.

notamment) augmenterait significativement les chances de développer un cancer ou une maladie cardiovasculaire [200]. La concentration intensive des animaux constitue aussi une problématique sanitaire car elle est à l'origine du développement et de la transmission de nombreuses maladies. Effectivement, un tiers des nouveaux pathogènes provient des animaux d'élevage. Un éleveur français est 18 fois plus susceptible d'être porteur de l'un d'entre eux. Cela est d'autant plus problématique que les pays émergents tels que la Chine, le Brésil ou même l'Inde, prennent exemple sur notre modèle de société et nos modes de vie occidentaux. Cela implique notamment une hausse colossale de la consommation de viande par habitant. Dans le courant des années 2020, un Chinois consommera environ 100 kg de viande par an contre 50 kg en 2015. Or, avec la multiplication des élevages intensifs à travers le monde, l'OMS s'inquiète de l'émergence de nouvelles souches de virus qui n'auraient rien à envier à celle de la grippe espagnole. En 2020, nous avons pu remarquer que ce type de menace est bien réel, 70% des virus étant des zoonoses[201] et les pratiques de l'élevage ayant l'effroyable capacité de favoriser des mutations[202]. Une autre préoccupation majeure des instances professionnelles de la santé concerne la résistance grandissante aux antibiotiques. Le fameux slogan « les antibiotiques, c'est pas automatique » qui nous rappelait que l'utilisation abusive de ce type de médicaments finirait par les rendre inefficaces est toujours d'actualité. La résistance microbienne est aujourd'hui à l'origine de 20 000 morts par an en Europe comme aux États-Unis, un chiffre qui évolue très rapidement. Il se trouve que 48% des antibiotiques sont destinés aux animaux d'élevage (que nous mangeons ensuite), le but étant de limiter au

---

[200] Inserm.fr, https://urls.fr/92qLFQ (consulté le 27 août 2017).
[201] IPBES, "IPBES Workshop on Biodiversity and Pandemics", 29 octobre 2020, 96 pages.
[202] Lemonde.fr, https://urls.fr/q180OQ (consulte le 8 novembre 2020).

maximum les pertes avant l'abattage pour obtenir ainsi les prix les plus faibles[203].

L'utilisation de produits pharmaceutiques limite mais ne suffit pas à empêcher les décès prématurés car les conditions de vie des animaux rendent leur survie délicate. Dans la quasi-totalité des élevages, un poulet de chair (élevé pour sa viande) ne vit que 53 jours, un cochon 8 mois, une poule pondeuse 1 an. Une partie significative des animaux, particulièrement les poissons, décède durant leur croissance et n'atteint pas l'âge requis pour être abattue. L'espace alloué aux animaux est réduit au maximum afin de diminuer les coûts, on évite toute dépense calorique inutile afin de favoriser un engraissage rapide. L'intensité des cadences ne permet pas aux abattoirs traditionnels d'assommer correctement les bêtes. Entre 9 et 27% des animaux (en fonction de l'espèce) ne sont pas vraiment endormis avant d'être découpés en morceaux[204] ; il est donc patent que les critiques éthiques ne doivent pas cibler uniquement l'abattage rituel (hallal, casher). En France, on abat chaque année 250 millions de têtes et dans le monde un total de 65 milliards d'animaux terrestres[205]. La prise en compte des poissons de pêche et d'élevage rendrait le décompte incalculable car l'on parlerait alors de centaines de milliards, voire de milliers de milliards de victimes. Avec les techniques de pêche modernes, seulement 3% des prises sont réellement consommées ; deux tiers des espèces de poissons sont surexploitées et au bord de l'extinction. Les eaux peu profondes (moins de 200 mètres) contiennent 50 fois moins d'individus qu'il y a un siècle. Une pêche durable ne serait envisageable qu'à partir de 2040, et ce, à condition d'abandonner toutes les techniques industrielles dès

---

[203] Agence Nationale de Sécurité Sanitaire, de l'Alimentation, de l'Environnement et du Travail, « Suivi des ventes de médicaments vétérinaires contenant des antibiotiques en France en 2017 », Rapport annuel, Novembre 2018, 104 pages.

[204] CAULLET J. Y., « Conditions d'abattage des animaux dans les abattoirs français : faire la lumière sur nos abattoirs », Synthèse du rapport n°4038, septembre 2016, 9 pages.

[205] Lemonde.fr, https://urls.fr/sZK8Hm (consulté le 28 août 2018).

aujourd'hui[206]. Le caractère barbare de ces pratiques courantes interroge également notre rapport aux animaux. Or, l'éthologie[207] a grandement progressé et nous savons aujourd'hui que les animaux ressentent des émotions et parfois même de l'empathie, qu'ils peuvent mettre en place des stratégies, que certains sont à même de résoudre des tests logiques extrêmement complexes et qu'ils développent une identité individuelle[208].

---

[206] ÁRNI M., MATHIESE M., « La situation mondiale des pêches et de l'aquaculture », FAO, 2012, 261 pages.

[207] L'éthologie désigne l'étude scientifique du comportement des espèces animales, incluant l'humain, dans leur milieu naturel ou dans un environnement expérimental, à travers des méthodes biologiques précises d'observation et de quantification des comportements animaux.

[208] Lire DE WAAL Frans, *Sommes-nous trop bêtes pour comprendre l'intelligence des animaux ?*, Paris : Les liens qui libèrent, 2016, 320 pages.

CHAPITRE II : ECOCIDE POUR NOURRIR L'HUMAIN

« Tout progrès dans l'accroissement temporaire de la fertilité du sol est un progrès vers la ruine à terme des sources de cette fertilité »

Karl Marx

Développées durant les Trente Glorieuses, les méthodes industrielles de production alimentaire doivent rester des préoccupations dominantes. Loin de se contenter d'affecter notre santé et notre environnement proche, elles impactent les fondements mêmes de notre capacité à vivre durablement en jouant un rôle majeur dans les phénomènes d'inégalités alimentaires et d'effondrement écosystémique. Faute d'avoir tiré les leçons du passé, les industriels ont mis au point de nouvelles plantes issues du génie génétique qu'ils ont rapidement diffusées dans l'ensemble du globe.

Crises autour des ressources vitales

Le défi alimentaire se présente aujourd'hui comme incontournable, voire comme un indicateur de l'état du monde. Huit cents millions d'humains souffrent de la faim et un milliard et deux cents millions de la soif, ce qui provoque chaque jour la mort de cent mille personnes et celle d'un enfant toutes les 8 secondes. Un enfant sous-alimenté durant une longue période restera en mauvaise santé toute sa vie et les dommages sont également psychologiques ; vivre dans l'angoisse constante de la faim est en effet terrifiant. La situation est loin d'être idéale dans les pays occidentaux. Au Royaume-Uni, on estime qu'environ 28% des écoles accueillent au moins un enfant sur deux manifestant des symptômes de sous-alimentation[209]. Rien d'étonnant dans un pays où les réductions constantes du salaire moyen et des prestations sociales accroissent constamment la pauvreté. La Grande-Bretagne est la sixième économie mondiale ; pourtant, un Anglais sur cinq vit en dessous du minimum vital[210] ! Tout cela ne semble pas poser de problème alors que nous pourrions nourrir douze milliards de personnes.

Comment expliquer le phénomène dans ces conditions ? Nous produisons suffisamment mais nos sociétés occidentales monopolisent l'essentiel des ressources. Plusieurs causes précises permettent de mieux saisir la situation. Nous avons mentionné l'élevage, notamment sous sa forme industrielle, et ses conséquences en matière de mobilisation de ressources alimentaires. Ajoutons que, selon l'Organisation des Nations unies pour l'alimentation et l'agriculture (FAO), un milliard de tonnes de céréales sert chaque année à nourrir les animaux que nous consommons ensuite[211]. Une telle quantité permettrait théoriquement de mettre un terme à la faim dans le monde cinq fois selon l'ONU. La responsabilité des agrocarburants est également en cause car les États occidentaux accaparent des terres arables dans des pays plus fragiles en justifiant simplement de telles opérations par la nécessité de réduire leur dépendance au pétrole[212]. Olivier De Schutter, ancien rapporteur des Nations unies pour le droit à l'alimentation, estime que l'Union européenne brûle ainsi chaque année des ressources alimentaires qui permettraient de nourrir cent millions de personnes[213]. À l'échelle de la planète, le

---

[209] ZIEGLER Jean, Les nouveaux maîtres du monde et ceux qui leur résistent, p. 18.
[210] Idem.
[211] JUTZI S., "Livestock's long shadow", FAO, Rome, 2006, 416 pages.
[212] Lepoint.fr, https://urls.fr/_QShbE (consulté le 27 août 2017).
[213] Les biocarburants regroupent toutes les formes de carburants de substitution produits à partir de matériaux organiques non fossiles (biomasse) et renouvelables, comme le bois, les déchets et les alcools, qui sont brûlés pour fournir de l'énergie. En France ils sont produits à partir de betterave, de blé ou de maïs.

nombre de personnes souffrant de la faim serait réduit de moitié si ces ressources leur étaient accessibles [214]. L'industrie du textile, troisième cause d'accaparement des terres, est extrêmement gourmande en coton. Les cultures d'or blanc remplacent souvent des cultures vivrières ; le coton occupe actuellement 2,5% des terres arables dans le monde[215]. Un Européen moyen peut ainsi se procurer 20 vêtements neufs par an.

Enfin, enjeu mieux connu des citoyens, un tiers de l'ensemble des aliments produits dans le monde est gaspillé ![216] Un milliard de tonnes au total, mais pour des raisons variées :

- Lors de la production : environ un fruit sur trois n'est pas cueilli à cause d'un calibre inadéquat. Le constat est le même pour les légumes. Pour ne pas heurter le confort du consommateur, on ne récoltera ni les courgettes arrondies ni les pommes déformées. Le secteur le plus scandaleux en la matière est probablement celui de la pêche industrielle et de la technique du chalutage en eau profonde, massivement utilisée de nos jours. Seule une petite partie des poissons présents dans les filets est vendue, le reste étant généralement rejeté sans vie car vingt à quarante pour cent des espèces ne sont pas consommables[217].
- Lors du transport : dans les entrepôts logistiques et les véhicules, les marchandises peuvent être abîmées, tout particulièrement lors des étapes de manutention.
- Lors de la distribution : les supermarchés français jettent 560 000 tonnes d'aliments consommables par an[218].
- Lors de la consommation : chaque Français jette 20 kg de nourriture par an, dont presque la moitié est

[214] Liberation.fr, https://urls.fr/HhU75L (consulté le 27 août 2017).
[215] Lesechos.fr, https://urls.fr/02_emH (consulté le 27 août 2017).
[216] RAIMBAULT Marie-Pierre, *Le scandale du gaspillage alimentaire*, Arte, 2012.
[217] Lemonde.fr, https://urls.fr/83zg0U (consulté le 27 août 2017).
[218] RAIMBAULT Marie-Pierre, Le scandale du gaspillage alimentaire, op. cit.

constituée de produits encore emballés [219]. Les restaurants mettent peu en avant la possibilité d'emporter son repas et les *fast-foods* préfèrent généralement la quantité à la qualité. Quant à la restauration collective, elle génère des gaspillages énormes, notamment dans un cadre scolaire lorsqu'elle impose aux élèves la taille et la composition de leurs assiettes.

On ne peut dénoncer le gaspillage sans évoquer la ressource en eau, celle-ci étant au centre de bien des préoccupations. Rappelons que 97% de l'eau présente sur la planète est salée et que l'essentiel de l'eau douce est gelé. Ainsi, seul 1% du stock est consommable. L'utilisation de l'eau a été multipliée par 7 tout au long du XXème siècle et par 2,5 depuis le début des années 1990. Cette hausse est liée à la fois à l'accroissement démographique, à nos modes de vie et au développement industriel, 60% de la ressource étant consacrés à l'agriculture, 25% à l'industrie et 15% aux ménages. La localisation des sources est d'autre part extrêmement inégalitaire puisque 10 pays possèdent 60% de l'eau mondiale alors que 80 souffrent de pénuries. Plus grave, des régions entières, telles que la Lybie ou l'ouest des USA, dépendent de nappes fossiles profondes et donc non renouvelables.

La mort des sols

Chaque minute, 10 hectares cultivables sont perdus à travers le monde à cause du changement climatique, de pollutions industrielles et agricoles [220]. C'est un phénomène lent qui rend les sols dépendants des engrais chimiques et des pesticides. Le sol perd sa fertilité car les intrants chimiques ont détruit la biodiversité qui le composait. Par voie de conséquence, le discours dominant met en évidence le caractère inévitable des

[219] CAROT Guillaume, « Lutte contre le gaspillage alimentaire : propositions pour une politique publique », 2014, 51 pages.
[220] DE SCHUTTER Olivier, *Le droit à l'alimentation*, Organisation des Nations-Unies, 2010, 27 pages.

produits phytosanitaires artificiels : les terres arables ne seraient pas suffisamment riches pour obtenir des rendements élevés. Pourtant, la biodiversité présente dans un champ constitue la source de sa fertilité. Ainsi, le sol n'est plus qu'un patient que l'on tente chaque jour de garder en vie grâce à des fertilisants artificiels qui agissent comme autant d'électrochocs. L'imperméabilisation croissante des sols par le bitume complexifie la situation en limitant l'infiltration de l'eau et en rendant nécessaire une irrigation massive. À l'origine, la terre agricole n'a guère de valeur et il est donc tentant de l'enchérir par de lucratives opérations immobilières. La perte de biodiversité qui découle de ces phénomènes est évidente selon la FAO : les trois quarts des variétés cultivées au début du XXème siècle auraient ainsi disparu des terres arables[221].

L'agriculture industrielle mise sur la monoculture, ce qui implique que tout ce qui n'est pas valorisable économiquement est considéré comme nuisible. L'exemple le plus flagrant est celui du ver de terre. Il apporte des éléments nutritifs essentiels aux plantes, participe à leur croissance en facilitant la circulation de l'ensemble des nutriments et régule les crues grâce à ses galeries qui absorbent l'eau. Son élimination dans la région de Montpellier est l'une des raisons de la multiplication des inondations dans le Languedoc-Roussillon[222]. C'est cependant l'extinction d'une autre espèce qui inquiète davantage le corps scientifique. Le taux de mortalité des abeilles a été multiplié par dix en l'espace de deux décennies et chaque année, bien des apiculteurs français doivent remplacer leurs ruches pour compenser les pertes[223]. On estime que 50 à 90% des abeilles ont déjà disparu dans le monde[224]. La principale cause de cet effondrement reste l'utilisation de

---

[221] DIOUF Jacques, "PLANT GENETIC RESOURCES FOR FOOD AND AGRICULTURE", FAO, 2010, 398 pages.

[222] NICOLINO Fabrice, VEILLERETTE François, *Pesticides*, op. cit. p 32.

[223] CHARTOIRE *Emmanuelle, GEOFFRION David, MARTINO Fanny,* « To bee or not to be », France 2, 2018, 42 minutes.

[224] IMHOOF Markus, « Des abeilles et des hommes [DVD] », 2013, 91 minutes.

pesticides. Dans les années 1990 et au début des années 2000, le Gaucho de la firme Bayer était l'un des produits phytosanitaires le plus utilisé et, selon les apiculteurs, l'un des principaux responsables du déclin de 450 000 ruches entre 1996 et 2000[225]. En fonction de leur substance active, les effets des pesticides sont variables : désorientation des individus, contamination d'une abeille qui empoisonne la ruche en y revenant, etc. Ce qui fut vrai avec le Gaucho l'est aujourd'hui pour les autres produits, qu'il s'agisse de pesticides à base de néonicotinoïdes[226] ou de glyphosate. En 2008 déjà, on dénombrait 5000 produits phytosanitaires susceptibles de provoquer des dommages irréversibles sur les colonies d'abeilles, selon l'Agence nationale de sécurité sanitaire de l'alimentation, de l'environnement et du travail (ANSES)[227]. Outre les pesticides, d'autres phénomènes viennent renforcer ce désastre : la diffusion de parasites (éliminables grâce à la lutte biologique), le manque de diversité génétique (suite à la sélection des abeilles les plus productives), la réduction des espaces dédiés à la biodiversité végétale (et donc à la nourriture) et la multiplication des voyages qui fatiguent les ruches. Le sort des abeilles devrait être une source de préoccupation majeure pour tous. Elles assurent 80% de la pollinisation et un tiers de notre alimentation dépendrait de leur travail ; leur massacre pourrait ainsi constituer l'un des principaux facteurs d'une extinction massive.

Notre agriculture bouleverse grandement les équilibres naturels. La consommation d'engrais chimiques vient puiser largement dans les réserves de phosphore. Comme l'eau, cet élément suit un cycle qui lui est propre mais les êtres humains en exploitent chaque année 20 millions de tonnes dont l'essentiel finit en mer sous forme de déchets appelés

---

[225] Liberation.fr, https://urls.fr/5zv1Q6 (consulté le 27 août 2017).

[226] CNRS, « Surmortalité des abeilles. Une expertise met en cause le régent TS de BASF », AFP, 22 décembre 2003.

[227] TOMA Bernard, « Mortalités, effondrements et affaiblissements des colonies d'abeilles », AFSSA, 2009, 222 pages.

phosphogypses [228]. Pour chaque tonne d'engrais chimique créée, cinq tonnes sont ainsi générées ! En Chine et dans bien d'autres pays, ces résidus sont abandonnés à l'air libre, créant des monticules de substances polluantes qui rendent l'eau et les sols inutilisables. Il est particulièrement difficile de trouver de véritables solutions pour détruire ou recycler le phosphogypse. Les méthodes les plus développées consistent à le stocker ou à l'incorporer aux infrastructures routières, procédé qui abîme encore davantage les sols à long terme. Le fait que de gigantesques quantités de phosphogypses se retrouvent dans les océans est particulièrement préoccupant. Nous savons qu'une hausse de 20% par rapport au flux naturel fut, dans le passé géologique, l'une des causes majeures de l'effondrement de la teneur en oxygène en milieu maritime, ce qui a provoqué une extinction massive de la vie aquatique. Or, le cycle du phosphore actuel est purement anthropique et six fois plus important que le cycle naturel[229]. Les équilibres des plantes elles-mêmes sont remis en question par des décennies d'agriculture chimique. Les produits utilisés pour traiter les cultures contiennent des sucres et des acides aminés qui attirent les parasites et font perdre aux plantes leur capacité à se défendre seules, celles-ci développent alors une forme de dépendance[230].

---

[228] BONNEUIL Christophe, FRESSOZ Jean-Baptiste, *L'événement anthropocène*, op.cit. p. 19.

[229] Idem.

[230] CHABOUSSOU Francis, *Les plantes malades des pesticides*, Paris : Debard, 1980, 304 pages.

Les nouvelles technologies en renfort de l'agriculture productiviste

Dès les années 1990 apparaissent sur les marchés des plantes dites « OGM », c'est-à-dire des organismes génétiquement modifiés. Deux grands types d'OGM existent : celui qui est capable de résister à un pesticide (le soja « *round-up ready* »[231] étant le plus connu) et celui qui crée son propre pesticide pour se défendre (le coton BT[232] étant le plus utilisé). Cette technologie est présentée comme un outil permettant de réduire l'usage des produits phytosanitaires et d'augmenter les rendements tout en facilitant la vie des agriculteurs. Nous sommes pourtant loin de ces objectifs idylliques. À titre d'exemple, la consommation de pesticides a progressé de 80% ces 30 dernières années et l'on compte 385 millions de cas d'empoisonnements graves de travailleurs chaque année [233] . Les firmes commercialisant ces pesticides sont également à l'origine des OGM (et de bien des semences agricoles), elles font donc tout ce qui est en leur pouvoir pour que la vente de produits phytosanitaires poursuive sa progression, peu importe les conséquences, les études sanitaires ou les objectifs officiels. Elles n'ont aucune raison logique de se tirer une balle dans le pied. Par ailleurs, des centaines de plantes sauvages développent des résistances ; vingt-trois seraient même pratiquement insensibles à ces produits chimiques[234]. Le gène de résistance au glyphosate a ainsi été transmis à une variété d'amarante [235] . Bien que hautement improbable, ce type de phénomène survient après seulement une trentaine d'années d'expérimentations. Les mutations sont imprévisibles, comme en témoignent

---

[231] Développé par Monsanto.
[232] Idem.
[233] BOEDEKER, Wolfgang, WATTS Meriel, CLAUSING Peter, MARQUEZ Emily, « The global distribution of acute unintentional pesticide poisoning: estimations based on a systematic review », BMC Public Health, 9 octobre 2024, 19 pages.
[234] Idem.
[235] Ibid.

les variétés de maïs ancestrales du Mexique ; elles se déforment littéralement au contact de pollen provenant de maïs OGM poussant à proximité[236]. Face à cette adaptation de la nature, les industriels enrichissent leur stratégie avec des recettes éculées : augmentation des doses, nouveaux produits et molécules toujours plus meurtrières. L'Inde était parvenue à cultiver près de cent mille variétés de riz différentes en fonction du milieu, du type de sols et de bien d'autres critères [237]. L'effondrement de la biodiversité végétale dans nos champs et les risques qui en découlent n'ont pas échappé à ceux qui en sont responsables. En 2008, une banque mondiale des semences, la « *Svalbard Global Seed Vault* », a été créée au beau milieu du pôle Nord norvégien. On y trouve trois millions d'échantillons, soit l'équivalent de 1500 banques de semences moyennes. Il s'agit notamment de variétés qui ne sont plus utilisées car elles ont été remplacées par des plantes hybrides ou modifiées. La structure a été mise en place pour résister aux pires catastrophes pouvant menacer l'espèce humaine mais ne restera accessible qu'à ses propriétaires, qui ont investi de lourds moyens pour la construction d'un tel complexe. Ces derniers sont des membres du « *Crop Diversity Trust* », à savoir la fondation Gates, Rockefeller et la firme agrochimique Monsanto. L'existence d'un tel projet est la preuve que les oligarques sont bel et bien conscients des risques et restent extrêmement précautionneux.

Comme les autres substances actives présentes dans les pesticides, le glyphosate a été incriminé pour ses effets néfastes sur la santé. Le géant Monsanto a tout récemment perdu 290 millions de dollars dans un procès l'opposant à Dewayne Johnson, un jardinier atteint d'un cancer provoqué par une forte exposition au produit. Outre le fait qu'il s'agisse du premier jugement associant glyphosate et cancer, le jury a été largement influencé

---

[236] ROBIN Marie-Monique, « Le monde selon Monsanto [DVD] », ARTE, 2008, 109 minutes.

[237] NICOLINO Fabrice, VEILLERETTE François, *Pesticides*, op. cit. p. 274.

par l'épisode des « Monsanto Papers », des documents confidentiels ayant fuité et indiquant que la firme avait bel et bien connaissance de la dangerosité de son principe actif. Cette décision judiciaire pourrait bien faire jurisprudence et profiter à des milliers d'autres plaignants à travers le monde. Trois cent cinquante d'entre eux sont justement rassemblés dans une affaire examinée par une juridiction fédérale aux États-Unis ! Le juge chargé de l'affaire annonçait le 10 juillet 2018 : « Les experts entendus ont fourni des éléments de preuve suffisants pour qu'un jury raisonnable puisse *conclure* que le glyphosate peut *causer* un lymphome non hodgkinien à des doses d'exposition rencontrées chez les humains »[238]. En France, une étude de Giles-Eric Seralini, publiée initialement par la revue « *Food and Chemical Toxicology* » visait à démontrer le caractère fortement cancérigène du maïs NK603 de Monsanto[239]. Cette recherche fut secrètement menée durant deux ans afin d'éviter d'être interrompue comme le furent des dizaines d'autres mais a été rapidement critiquée par des experts invités sur tous les plateaux de télévision et de radio. Il s'avère que leur objectif était simplement de faire naître le doute dans l'esprit du consommateur, sans chercher à convaincre le corps scientifique. Leur principal argument reposait sur le fait que les rats utilisés sont aisément sujets à des tumeurs ; Gilles-Eric Seralini aurait donc rendu publique une étude biaisée par avance. Il se trouve pourtant que la quasi-totalité des laboratoires utilisent le même type de rats. Néanmoins, il est vrai que ces résultats mettent avant tout en cause les pesticides utilisés dans l'industrie OGM et pas forcément les plantes modifiées elles-mêmes. Le débat reste donc houleux mais un ensemble de travaux se démarquent et interrogent le caractère raisonnable de la consommation de produits génétiquement modifiés. C'est notamment le cas de l'étude réalisée par « *Genetically Modified Crops and Food* » ; elle met en

---

[238] Lemonde.fr, https://urls.fr/DBsj73 (consulté le 27 août 2017).
[239] SERALINI Gilles-Eric, *Tous Cobayes*, 1ère édition, Paris : Flammarion, 2012, 224 pages.

évidence le fait que la plupart des OGM cultivés et consommés dans le monde contiennent un gène viral nommé « gène VI ». Celui-ci pourrait poser un véritable problème car il est susceptible d' « induire des changements accidentels dans le phénotype et donc des mutations physiques graves »[240].

La présentation du plan France 2030 par Emmanuel Macron en 2023 a permis de rendre plus lisible la vision de la transition écologique du gouvernement. Parmi les propositions, l'on nous promet de formidables progrès issus des intelligences artificielles (IA). L'objectif affiché est alors d'épauler les agriculteurs en leur permettant par exemple de s'économiser en dosant et en ciblant précisément le recours aux pesticides. Amusant, ce discours ressemble à s'y méprendre à celui tenu pour défendre les pesticides, des OGM, les robots de traite et j'en passe. Autant de technologies ayant clairement permis d'accroître les revenus des agriculteurs, de reconsidérer le monde paysan, de produire plus durablement. Ou pas. Vraisemblablement, ces IA vont provoquer une nouvelle perte de savoir-faire, des dépendances toujours plus fortes et des impacts écologiques encore et encore plus élevés. Aussi, elles impliqueront une incapacité grandissante à changer de modèle agricole, d'autant qu'elles ne remettent en aucun cas en question l'usage des produits phytosanitaires les plus problématiques, bien au contraire. Surtout, cette ambition parachèverait l'éloignement des sociétés humaines d'avec la nature. Ce n'est bien sûr pas de progrès high-tech dont a besoin le secteur agricole mais d'une transformation profonde définissant d'ambitieux objectifs sanitaires, environnementaux et de bien-être des exploitants.

[240] DU JARDIN Patrick, PODEVIN Nancy, « Possible consequences of the overlap between the CaMV 35S promoter regions in plant transformation vectors used and the viral gene VI in transgenic plants », *GM crops and Food* , n°4, Oct/Nov/Dec 2012, p.296-300.

CHAPITRE III : CHOISIR LA VIE

« A force de sacrifier l'essentiel pour l'urgent, on finit par oublier l'urgence de l'essentiel »

Edgar Morin

« La Révolution Verte » : voici le nom donné à la période marquant l'essor des nouvelles techniques agricoles principalement basées sur la monoculture et l'utilisation d'intrants chimiques. Le monde agricole ne s'est jamais remis de cette violente conversion et est aujourd'hui plus fragile que jamais. Chaque jour, vingt exploitations agricoles cessent leur activité, les agriculteurs ne constituent pourtant que 3% de la population active. Néanmoins, en France comme ailleurs, tout le monde n'a pas fait le choix du productivisme. Ainsi, des pratiques jugées « archaïques » sont à nouveau sollicitées par les consommateurs alors que, dans le même temps, bien des exploitants se rendent compte que le progrès, au sens noble du terme, réside aujourd'hui dans la connaissance et le respect de la biodiversité de nos sols. Une nouvelle révolution verte doit avoir lieu mais celle-ci devra mériter sa couleur.

Tenants d'une véritable agriculture biologique

L'agriculture biologique est définie comme « un système de production qui maintient la santé des sols, des écosystèmes et des personnes. Elle s'appuie sur des processus écologiques, sur la biodiversité et sur des cycles adaptés aux conditions locales, plutôt que sur l'utilisation d'intrants aux effets néfastes. Elle allie tradition, innovation et science au bénéfice de l'environnement commun » [241] . Nous la définirons

---

[241] Définition de l'International federation of organic agriculture movements (IFOAM).

comme l'ensemble des techniques (agroforesterie, permaculture, etc.) qui s'opposent aux modèles basés sur une forte utilisation de la chimie. À noter que l'agriculture peut être considérée comme intensive sans avoir recours à la chimie, grâce à une main d'œuvre abondante par exemple (capital humain). Désormais, les Français sont de plus en plus nombreux à consommer des produits bios ; 71% au moins de temps en temps en 2018, chiffre en constante évolution notamment du fait de la contribution croissante des plus jeunes générations [242] . Cela prouve que les attentes des consommateurs évoluent. Pourtant, tous les produits biologiques ne semblent pas répondre aux exigences d'une transition agricole cohérente. En effet, un produit labellisé « AB » peut tout à fait avoir été produit de l'autre côté du globe. C'est ainsi que les grandes surfaces peuvent nous proposer leur gamme bio à des prix généralement extrêmement compétitifs. Certaines vendent également des aliments labellisés mais contenant des ingrédients gras et peu coûteux, d'une composition similaire à celle que l'on retrouve dans les marques industrielles. De plus, même si le label « AB » garantit un modèle agricole sans pesticides chimiques[243], la plante peut tout de même en absorber car il s'agit de particules volatiles aisément transportées par le vent. Il n'en reste pas moins que les champs en agriculture biologique participent activement à la réduction constante des pesticides dans notre environnement, quand bien même ils seraient pollués par des particules toxiques venant d'autres exploitations. Les études montrent d'ailleurs qu'un produit bio en contient globalement 223 fois moins qu'un produit « conventionnel »[244]. Ce dernier devrait tout de même renforcer ses exigences et proposer un véritable dispositif d'accompagnement aux agriculteurs désireux de tendre vers un modèle agricole plus respectueux mais

[242] Agencebio.org, https://urls.fr/otX22p (consulté le 4 janvier 2019).
[243] Il s'agit de l'un des labels les plus contraignant et contrôlés.
[244] Générations futures, « Pesticides dans les aliments : analyses comparées d'aliments conventionnels et bios », 2011, 9 pages.

ne disposant pas des ressources nécessaires à cette fin. Notons que certains labels, comme « Nature & Progrès » ou « Demeter », respectent un cahier des charges bien plus abouti mais sont généralement difficiles d'accès lors d'une conversion. Pour toutes ces raisons, l'estampille « AB » peut donc être considérée comme une étape essentielle mais non comme une finalité.

Concrètement, l'agriculture biologique n'a de sens que si elle mobilise des techniques nouvelles et anciennes respectant la terre et les êtres humains tout en garantissant des rendements significatifs ; la prise en compte de la complémentarité des espèces est une règle essentielle pour atteindre ces objectifs. Loin des principes de la monoculture, la transition agricole devra forcément favoriser des combinaisons intelligentes. Actuellement, les exploitations de maïs utilisent des variétés extrêmement proches (généralement des hybrides créés par des laboratoires). Pourtant, la nature nous en offre des centaines, chacune étant plus adaptée à un type de sol ou à un climat particulier. Cette analyse est généralisable à l'ensemble des espèces cultivées. Des complémentarités sont également envisageables avec des plantes non productives telles que les arbres, les haies ou le trèfle blanc. Les premiers protègent le sol des chaleurs excessives grâce à leurs ombres, ce qui permet de diminuer l'irrigation des cultures tout en limitant l'érosion ; les deuxièmes sont de formidables abris pour la biodiversité et favorisent ainsi la lutte biologique[245] ; le troisième permet de limiter drastiquement le recours aux engrais chimiques car il a pour atout de fixer l'azote dans le sol (les plantes ne pouvant l'absorber dans l'air) ; ce nutriment est essentiel pour le développement des végétaux. Enfin, on pensera aux techniques ancestrales telles que la rotation des cultures, la pratique de la jachère mais aussi la récupération systématique des eaux de pluie et de celles issues du retraitement. Tous ces procédés s'inspirent des rythmes naturels et maximisent la concentration de biodiversité sur les

---

[245] La plus connue étant l'utilisation de coccinelles pour dévorer les pucerons, technique qui remplace l'utilisation de produits chimiques.

exploitations agricoles. On notera que les services écosystémiques de la biodiversité (offerts gratuitement par la nature et profitant aux sociétés humaines) sont également essentiels à l'obtention de rendements agricoles satisfaisants.

La réduction de la taille des exploitations et des politiques publiques de reconcentration du capital humain sont les conditions sine qua non du succès de la transition écologique. En effet, l'on ne parviendra pas à nourrir un pays comme la France avec seulement 3% de la population active dans le secteur primaire[246]. Il serait donc pertinent de développer les aides à l'installation ; elles permettraient aux jeunes de se lancer car l'investissement initial demeure aujourd'hui leur principal frein. Statistiquement, les petites exploitations sont plus productives à l'hectare puisque la présence humaine y est plus importante. Faciliter l'accès à la terre en multipliant les fermes de petite taille devra donc être l'un des piliers des politiques publiques à venir. Dans le même temps, cela favoriserait un réinvestissement dans des secteurs oubliés comme l'industrie textile via le développement d'installations de production de chanvre, une plante capable de se défendre seule, sans l'assistance de produits chimiques. Cette matière première recréerait des emplois en offrant de nouvelles opportunités aux usines de fabrication de vêtements.

Une nécessaire transformation culturelle

À une époque où chaque jour onze fermes mettent la clé sous la porte, le rôle central de l'agriculteur, plus que jamais déconsidéré financièrement et socialement, est passé à la trappe[247]. Un grand nombre de jeunes souhaiterait pourtant bénéficier d'une surface agricole économiquement viable. Il est indispensable de susciter des aspirations professionnelles dans le milieu agricole. Pour ce faire, l'éducation et le développement d'un lien

[246] Le secteur primaire correspond à l'agriculture, le secondaire à l'industrie et le tertiaire aux services.
[247] Selon l'association spécialisée « Terres de liens ».

à la terre (y compris en milieu extrêmement urbanisé) semble être la première étape la plus pertinente. Le milieu associatif est un outil précieux pour les pouvoirs publics visant cet objectif. Les associations d'éducation à l'environnement sont des spécialistes des questions naturalistes et des enjeux environnementaux[248]. Des interventions ponctuelles dans les classes, des clubs citoyens initiant des projets de protection de l'environnement ou encore des sorties scolaires régulières sont autant d'ingrédients éducatifs nécessaires au développement d'enfants désireux de vivre dans une société saine et éthique. Pour atteindre cet objectif, tous les élèves du pays devront bénéficier de cette sensibilisation.

Même si les aspects théoriques sont indispensables, ils ne doivent surtout pas nous faire oublier que l'essentiel est d'avoir l'occasion de mettre les mains dans la terre. Un programme pédagogique scolaire adapté peut faire office de porte d'entrée vers un tel enseignement mais il risque d'être insuffisant. Le service civique est un dispositif qui s'est considérablement développé ces dernières années. Il permet à chaque jeune de bénéficier de plusieurs mois de découverte du monde associatif auprès de structures d'intérêt général, ce qui est on ne peut plus précieux dans un contexte où outils numériques et hyper compétitivité tendent à diminuer les moyens des associations et le sentiment citoyen en général. Il se différencie évidemment du service militaire tout en disposant d'avantages similaires et permet aux jeunes adultes d'enrichir leur vision du monde au bénéfice de la société[249]. Il pourrait encore être amélioré en étant couplé à un service agricole de plusieurs mois, de manière à ce que chaque jeune

---

[248] La liste est longue puisqu'il peut s'agir de structures spécialisées sur des thématiques extrêmement différentes, citons la Ligue de protection des oiseaux (LPO) ou Zéro déchets ou encore des structures généralistes comme France nature environnement (FNE).

[249] Attention, nous ne prétendons pas que la forme actuelle du service civique ne contient aucune faille, loin de là. Nous défendons ici la tendance de fond qui découle de ce dispositif et ses avantages supposés lorsque le jeune est accueilli dans une structure adaptée.

s'engage durant un an au total. Les agriculteurs bénéficieraient d'une main d'œuvre supplémentaire et cela aurait une portée pédagogique considérable dans la perspective d'une transition sociétale qui ne pourra fonctionner que si l'on revisite nos cadres et nos objectifs pédagogiques. En effet, des compétences telles que savoir s'alimenter, cuisiner, reconnaître des espèces végétales ou encore s'orienter sont tout aussi fondamentales que les maths ou le français.

De nombreux agriculteurs manquent d'alternatives à la chimie et restent bloqués dans une situation extrêmement précaire. L'élément central, si l'on souhaite faire évoluer la conception des citoyens en matière d'agriculture et notamment d'agriculture biologique, reste la nécessité d'impliquer et de convaincre le monde agricole en lui faisant bénéficier de formations. Le projet de reconquête du monde rural grâce à une multiplication des travailleurs agricoles, à de meilleures aides et à la plupart des autres éléments abordés précédemment, ne sera, à priori, pas pour déplaire aux exploitants. En revanche, cela nécessite non seulement de se réapproprier des techniques ancestrales mais également d'en diffuser de nouvelles. Il faudrait par exemple réintroduire l'utilisation du purin d'ortie à la place des pesticides dans le traitement des pucerons, des champignons ou encore des algues et des lichens invasifs. Seulement 3% du budget de recherche de l'Institut national de recherche pour l'agriculture, l'alimentation et l'environnement (INRAE) sont consacrés à l'agriculture biologique[250]. Ce chiffre doit évoluer et être accompagné de mesures destinées à la formation des professionnels. L'INRAE est probablement l'acteur tout désigné pour accomplir cette tâche.

[250] VIBERT Emmanuelle, « On peut nourrir 10 milliards d'humains en bio sans défricher un hectare », Terraeco, décembre 2012, n°42, p. 54-55.

Un productivisme à raisonner

L'on en vient à la question fatidique. Produire et consommer bio : très bien, mais est-ce possible à grande échelle ? Il faut admettre que cela est complexe. D'une part, la demande de produits biologiques surpasse l'offre disponible. D'autre part, dans la plupart des régions, il est difficile de consommer bio et local en même temps. L'importation reste donc indispensable bien que l'agriculture biologique connaisse une croissance de 20% par an. Les villes qui souhaitent développer l'offre de produits biologiques dans leurs cantines scolaires, ont toutes les difficultés à atteindre un tel objectif car les producteurs convertis sont généralement en nombre insuffisant. Le réseau Bio de Provence-Alpes-Côte d'Azur préconise une introduction progressive et régulière de produits biologiques locaux dans les cantines et non pas un passage précoce du « tout conventionnel » au « tout bio » car cela créerait de nouveaux débouchés et accompagnerait la dynamique de conversion locale. Par ailleurs, comme nous l'avons vu précédemment, la plupart des terres agricoles sont extrêmement abîmées par des décennies d'utilisation de produits phytosanitaires chimiques. Une période de transition est donc nécessaire pour permettre à une riche biodiversité de coloniser à nouveaux nos champs et de leur rendre leur fertilité d'antan. Ces données viennent donc appuyer l'idée d'une transition plutôt que celle d'un changement brutal.

Il est évident qu'une agriculture se passant de la chimie peut produire de grandes quantités de ressources. De nombreuses expérimentations scientifiques telles que celles de Marc Dufumier[251] ou de Jacques Caplat[252] l'ont démontré. D'après ce dernier, en Europe, un hectare en monoculture de blé produit dix

---

[251] Lire DUFUMIER Marc, Famine au sud, malbouffe au nord : comment l'agriculture biologique peut nous sauver ?, 1ère édition, Paris : Nil, 2012, 196 pages.

[252] Lire CAPLAT Jacques, *L'agriculture biologique pour nourrir l'humanité*, 1ère édition, Paris : Actes Sud, 2012, 432 pages.

tonnes par an alors que la polyculture de vingt à trente espèces différentes permet d'atteindre quinze à vingt-cinq tonnes d'aliments consommables[253].

Plus concrètement encore :

- L'Université d'Essex a réalisé en 2006 une synthèse sur 57 pays pour un total de 37 millions d'hectares. La conclusion est sans appel : les rendements sont 79% plus élevés dans les zones tropicales lorsque l'on a recours à l'agriculture biologique. Le système conventionnel ne fonctionne qu'en milieu tempéré, il lui faut une stabilité climatique ; les excès de pluie ou de sécheresse peuvent anéantir une année de production en monoculture. L'agriculture associée est plus adaptée. On peut semer des espèces résistantes à la sécheresse, d'autres à des conditions plus humides, etc. Le rendement de chacune n'est pas garanti mais la production totale sera en moyenne plus importante[254].

- L'Université du Michigan met en évidence le fait que le retrait de la chimie dans l'agriculture de l'Amérique du Nord et de l'Europe entraînerait une légère baisse des rendements (5 à 10%). En revanche, si cela était accompagné de véritables techniques agricoles alternatives (permaculture, agroforesterie, etc.), la production augmenterait véritablement[255].

- Olivier de Schutter, rapporteur spécial de l'ONU pour le droit à l'alimentation, établit dans son rapport de 2010 que l'agroécologie surpasse l'agriculture industrielle dans sa capacité à nourrir le monde[256].

Le fait que ces études ne prennent pas en compte la réduction du gaspillage alimentaire est une autre preuve indéniable de la faisabilité d'une conversion massive. Un tiers de la production mondiale de nourriture finit dans les poubelles ! Une législation adaptée pourrait inverser

---

[253] VIBERT Emmanuelle, « On peut nourrir 10 milliards d'humains en bio sans défricher un hectare », op. cit. p. 54.

[254] BOSSIO D., DIXON J., HINE R., MORISON J., NOBLE A., PENING DE VRIES F., PRETTY J., Environmental Science & Technology, vol. 40, n°4, 2006, 6 pages.

[255] CAPLAT Jacques, L'agriculture biologique pour nourrir l'humanité, op. cit. p. 95.

[256] DE SCHUTTER Olivier, Le droit à l'alimentation, op.cit.

la tendance. Une partie du gaspillage est due à une confusion des consommateurs qui n'établissent pas de distinction entre la date limite d'utilisation optimale (DLUO) et la date limite de consommation (DLC). La première porte la mention *« à consommer de préférence »,* ce qui veut dire que la marque ne garantit pas les qualités gustatives et nutritives du produit en cas de dépassement de la date. Il serait pertinent d'utiliser une mention plus précise. On pourrait incorporer ce type de notion au programme scolaire, une matière spécifique aux questions sociétales serait d'ailleurs adaptée. Il faut également encourager les différents acteurs à valoriser la nourriture au lieu de la jeter. Les *doggy bags* (emport des restes de nourritures) devraient être mis en avant dans tous les lieux de restauration. Les agriculteurs qui distribuent leurs surplus à des associations devraient être récompensés (cela pourrait prendre la forme d'une niche fiscale) et l'on pourrait aussi encourager la pratique du glanage[257].

La question des rendements agricoles est certes essentielle mais la qualité de la production est impérative. Décennies après décennies, les aliments issus de notre agriculture moderne concentrent de moins en moins de nutriments. Nous mangeons donc des quantités plus importantes pour compenser. Des études d'universités canadiennes, étasuniennes et britanniques publiées entre 1997 et 2016 en font état. Tous ces travaux ont été résumés dans le document « *Still no free lunch* » du Worldwatch Institute, qui met en évidence que même dans des aliments réputés sains, la teneur en vitamines, en protéines ou encore en minéraux a été divisée par deux, par vingt-cinq, voire par cent en l'espace d'une cinquantaine d'années. Voici quelques exemples concrets :

- une pomme de Croncel apportait 400 mg de vitamine C alors qu'une Golden standardisée n'en apporte que 4, soit 100 fois moins !

[257] Action de ramasser des produits agricoles non récoltés.

- une orange de la moitié du XIXème siècle suffisait à couvrir la quasi-totalité de nos besoins quotidiens en vitamine A. Il en faudrait 21 aujourd'hui.

- les céréales et les légumineuses contiennent moins de fer et, par conséquent, la viande également (environ deux fois moins).

Les facteurs de ce déclin sont nombreux et ont déjà été exposés par ailleurs : pauvreté et dégradation des sols, végétaux cueillis avant maturation, traitements chimiques, réduction des variétés cultivées. Là encore, l'agriculture biologique au sens large peut être une solution selon le rapport « *Still no free lunch* » ; il indique que les aliments bio contiennent significativement plus de vitamine C, de fer, de magnésium et de phosphore. Ces résultats ont été confortés par Denis Lairon, directeur de recherche à l'Institut National de la Santé et de la Recherche Médicale (INSERM)[258]. Les chercheurs nous mettent en garde : il est impératif que le bio conserve sa philosophie initiale et privilégie la recherche de la qualité plutôt que celle de la quantité pour inverser la tendance actuelle. En conclusion, la transition agricole devra faire des rendements un élément déterminant sans pour autant les considérer comme son unique cheval de bataille.

Le modèle agricole qu'il nous faut transformer réunit tous les critères permettant de le qualifier de contre-productif au sens d'Ivan Illich[259]. L'agriculture chimique ayant atteint un seuil critique, elle nuit désormais à la santé tout en ne tenant plus ses promesses initiales de productivité.

---

[258] VIBERT Emmanuelle, « On peut nourrir 10 milliards d'humains en bio sans défricher un hectare », op. cit. p. 54-55.

[259] Voir definition en fin d'ouvrage.

PARTIE IV
UN MODÈLE ÉNERGÉTIQUE COHÉRENT

CHAPITRE I : DÉPENDANCE ET RÊVE D'UNE ÉNERGIE ILLIMITÉE

« Chaque fois que nous produisons une voiture, nous le faisons au prix d'une baisse du nombre de vies humaines à venir »

Nicolas Georgescu-Roegen

Il faut considérer les questions environnementales et de dépendance énergétique comme étant absolument cruciales si l'on veut saisir l'ampleur des enjeux de société contemporains évoqués dans cet ouvrage, le système que nous préconisons reposant sur l'utilisation de ressources naturelles. En effet, si la crise sociétale que nous traversons depuis plus de quarante ans est essentiellement liée à la dégradation de l'environnement et à la raréfaction des ressources, et si l'on veut conserver un niveau de vie acceptable pour tous, nous devons procéder à une transition énergétique d'ampleur. Pour ce faire, il est nécessaire d'accepter un état de fait : soit il n'y a plus suffisamment de ressources pour tout le monde et nous mettons en place une compétition entre les individus et les pays ; soit nous repensons notre système économique afin de favoriser une répartition plus égalitaire.

Faim de pétrole, fin du pétrole

Depuis plus de deux siècles, les évolutions matérielles et techniques majeures sont liées au pétrole. Celui-ci a pour atout son rendement énergétique très élevé : un litre équivaut à la force de travail quotidienne de dix hommes. Dans le monde, les transports terrestre et maritime représentent 60% de sa consommation, le chauffage et le kérosène (pour l'aviation) 10% chacun. Les 20% restants concernent la production d'électricité et ses produits dérivés : médicaments, plastiques, routes, engrais et pesticides, etc[260]. Le pétrole est donc omniprésent. Dans une société telle que la nôtre, les conséquences de sa raréfaction risquent fort d'être dramatiques, cela provoquerait un effondrement de la croissance, une explosion du chômage et même des ruptures de courant. Les énergies renouvelables ne pourront pas compenser l'absence de « l'or noir ». On pourrait assister à une modification du cours des monnaies, à une inflation ou à une déflation, ce qui risquerait de déclencher des émeutes en tous genres puis un effondrement de notre civilisation capitaliste. Les pires scénarios imaginables entraîneraient une multiplication des conflits armés, voire une nouvelle guerre mondiale pour l'accaparement des ressources pétrolières restantes.

QUID des réserves justement ? Avec l'augmentation de la demande des pays en développement, elles s'épuiseront rapidement, la fin du pétrole « conventionnel » devant intervenir dans les années 2050. Certains affirment que de nouvelles sources seront découvertes ; elles permettraient d'entretenir le règne de l'or noir. Rappelons qu'en 1983, l'OPEP a décidé que les quotas de chaque pays producteur seraient proportionnels à ses réserves. Autrement dit, plus un pays dispose de réserves pétrolières, plus il peut en vendre. Chacun a donc tendance et intérêt à gonfler ses chiffres, ce qui implique que, même en cas de nouvelle découverte, il est peu probable que les ressources « conventionnelles » disponibles dépassent l'année 2060. Le scénario le plus probable est celui du pic de Hubbert,[261] selon lequel la courbe de production de

[260] International Energy Agency, "Key world energy statistics", 2017, p. 39.

[261] Géologue États-unien qui a annoncé en 1956 que la production de pétrole en Amérique allait décliner à partir de 1970 ce qui a été le cas notamment suite au choc pétrolier de 1973.

pétrole augmente d'abord avant de stagner et de décliner durant très longtemps. Or, depuis 2006, la production mondiale (et donc la consommation) ne progresse plus (il s'agit donc du pic) et la plupart des analystes estiment que la diminution de celle-ci surviendra dans les années 2020. Plus concrètement, en investissant une calorie de pétrole nous en obtenions 100 en 1900, 35 en 1990 et seulement 11 dès 2010[262]. Cette conclusion est également valable pour les autres énergies : le pic de gaz aurait débuté en 2012, celui de l'uranium a eu lieu en 2020 et celui du charbon est prévu pour 2035.

Cela concerne aussi les énergies dites « non conventionnelles », qu'il s'agisse du pétrole de schiste[263] ou des sables bitumineux[264], dont l'extraction a des conséquences environnementales désastreuses. Les pétroles de schiste sont aujourd'hui extraits avec la même technique que leurs cousins, les gaz de schiste, à savoir : la fracturation hydraulique. Celle-ci suit les étapes suivantes :

- forage du puits jusqu'à 3 kilomètres de profondeur sur 3 kilomètres de longueur ;
- injection du produit de fracturation constitué de millions de mètres cubes d'eau mélangés à des additifs (pétrole, azote, dioxyde de carbone, propane, etc.) et à des centaines de produits chimiques pour augmenter la pression et créer un mini-séisme.

La moitié de l'eau ainsi injectée restera dans les sous-sols définitivement pollués par cette industrie, ce qui impactera dramatiquement les populations et la biodiversité locales[265]. La récupération de pétrole grâce aux sables bitumineux exige une déforestation massive

---

[262] C. CLEVELAND C., "Net energy from the extraction of oil and gas in the united states", energy, vol. 30, 2005, p. 769-782.

[263] Le pétrole de schiste est un pétrole léger contenu dans des formations géologiques poreuses de faible perméabilité, souvent du schiste ou du grès.

[264] Un sable bitumineux ou bitumeux est un mélange de bitume brut, de sable, d'eau et d'argile. La quantité de pétrole à extraire dépend de l'épaisseur du bitume.

[265] FOX John, « Gasland [DVD] », 2011, 107 minutes.

des terres boréales (Canada, Alaska). En effet, un sable bitumineux est un mélange de bitume brut, de sable, d'eau et d'argile, dont on peut extraire une quantité de pétrole dépendant de la quantité de bitume. Le procédé le moins onéreux utilisé dans 90% des exploitations est celui de l'extraction à « ciel ouvert » qui nécessite de[266] :

- retirer toute la végétation puis toute la surface de terre et de calcaire ne contenant aucune matière « utile » ce qui implique de creuser à plusieurs dizaines de mètres en dessous du niveau du sol. Le sable est alors récupéré et transporté dans les usines d'extraction du bitume.
- extraire à l'eau chaude en mélangeant le sable avec l'eau chauffée pour le séparer du bitume. Celui-ci se lie aux bulles d'air, créant ainsi une forme de mousse contenant 65% de pétrole.

Au final, après calcul, l'extraction d'un baril de pétrole de sables bitumineux génère plus de 190 kg de gaz à effet de serre, soit 3 fois plus que la production d'un baril de pétrole classique[267].

Le nucléaire civil : promesses passées, angoisses actuelles

Parallèlement aux énergies « sales », un autre moyen de produire de l'électricité a vu le jour. Issu de la technologie militaire, le nucléaire civil fut développé dès les années 1950 car il était porteur d'immenses promesses, celles d'une formidable production d'énergie pour un minimum de risques et de coûts (on considérait d'ailleurs qu'une catastrophe nucléaire était inenvisageable [268]). Dans la France des Trente

---

[266] Office national de l'énergie, « Les sables bitumineux du Canada, Perspectives et défis jusqu'en 2015 », Office national de l'énergie, 2006, Calgary, 92 pages.

[267] ENGELHARDT R., TODIRESCU M., « An Introduction to Development in Alberta's Oil Sands », Edmonton: University of Alberta, 2005, School of Business, 17 pages.

[268] Page des Sciences, « Boris Prégel : l'utilisation civile de l'énergie nucléaire », Radiodiffusion Télévision Française, 02 novembre 1961, 10 minutes.

Glorieuses, cette nouvelle industrie intégra une place de choix dans le « mythe du progrès technique » qui se développait alors. La France est le seul pays au monde à avoir fait le choix du tout nucléaire. Aujourd'hui, elle compte 18 centrales pour 57 réacteurs et elle déchante car l'atome ne tient pas ses promesses. Il va sans dire que les grandes catastrophes de Tchernobyl, de Three Mile Island et de Fukushima ont ébranlé la confiance des citoyens car elles ont démontré que de tels drames pouvaient aussi bien être provoqués par un phénomène naturel que par une erreur humaine. Ces craintes se sont révélées légitimes puisqu'au lendemain des désastreux événements survenus sur l'archipel japonais, l'Autorité de sûreté nucléaire (ASN) nous informa que 34 des 58 réacteurs français ne seraient pas en mesure d'activer le système d'injection des eaux [269] en cas d'accident majeur [270]. Ces inquiétudes sont renforcées dans un contexte de lutte intense contre le terrorisme. On sait que les centrales françaises et belges furent les premières cibles des terroristes lors des attentats menés entre 2016 et 2017[271]. La plus célèbre des catastrophes nucléaires est sans aucun doute celle de Tchernobyl. Les retombées furent (et sont toujours) lourdes : l'estimation la plus haute parle de 14 millions de morts à moyen terme[272] dans toute l'Europe, dont 7 millions en Ukraine, pays où l'espérance de vie a chuté durant les

---

[269] Asn.fr, https://www.asn.fr/index.php/Les-actions-de-l-ASN/Le-controle/Actualites-du-controle/Avis-d-incidents-des-installation-nucleaires/2011/Anomalie-generique-concernant-le-systeme-d-injection-de-securite (consulté le 27 août 2017).

[270] Un accident nucléaire majeur (de niveau 6 ou 7 dans l'échelle internationale des événements nucléaires) se caractérise par une dispersion massive de radioactivité, ce qui conduit à une contamination plus ou moins étendue : les populations peuvent être touchées directement au moment de l'accident, ou indirectement via l'empoisonnement du sol et l'accumulation éventuelle d'éléments radioactifs le long de la chaîne alimentaire.

[271] Lemonde.fr, https://urls.fr/CoYxKh (consulté le 27 août 2017).

[272] Maladies diverses et notamment des cancers de la thyroïde, des malformations, leucémies et problèmes génétiques provoqués par la diffusion de la radioactivité.

décennies qui ont suivi[273]. 40% du territoire européen a été contaminé et la radioactivité est toujours présente localement et pour bien longtemps encore. Sur place, la biodiversité est extrêmement affectée et nombreux sont les animaux malformés et tuméfiés[274]. La situation est loin d'être résolue malgré la mise en place d'un nouveau sarcophage afin de limiter les effusions du cœur du réacteur endommagé. Les événements plus récents de Fukushima annoncent des conséquences similaires puisque les émissions de radioactivité perdurent année après année.

Nos usines nucléaires sont vétustes. La durée de leur exploitation devait être de 30 ans, délai au-delà duquel les conditions de sécurité ne sont plus réunies. Or, les gouvernements Sarkozy et Hollande ont décidé de le prolonger de 10, voire de 20 années supplémentaires en fonction des cas. Seule une fraction des 58 réacteurs n'ont pas encore dépassé les 30 ans d'existence. Selon un rapport de l'Institut de radioprotection et de sûreté nucléaire (IRSN), 300 incidents mineurs sont survenus en 1990, et plus de 900 en 2010[275]. Cela entraîne bien sûr des conséquences sanitaires ; ces dernières ont été analysées par l'INSERM[276] : les personnes résidant à moins de 30 kilomètres d'une centrale nucléaire sont deux fois plus susceptibles de développer un cancer. Pire encore, le risque de souffrir d'une leucémie serait quadruplé chez les enfants. Le journal international du cancer a d'ailleurs publié un rapport scientifique établissant une corrélation entre la fréquence des leucémies infantiles et la proximité d'une centrale

---

[273] DE HALLEUX Alain, « Tchernobyl forever », Arte, 2011, 52 minutes.

[274] Lemonde.fr, https://www.lemonde.fr/planete/article/2012/08/15/a-tchernobyl-les-effets-sont-plus-grands-sur-les-generations-recentes_1746262_3244.html (consulté le 27 août 2017).

[275] Agirpourlenvironnement.org, https://urls.fr/yD3wsA (consulté le 27 août 2017).

276 CHARTIER M., CLAVEL J., GOUJON-BELLEC S., GUYOT-GOUBIN A., HEMON D., LAURIER D., SERMAGE-FAURE C., RUDANT J., "Childhood leukemia around French nuclear power plants—The geocap study, 2002-2007", International Journal of Cancer, n°131, issue 5, September 2012, 13 pages.

nucléaire. Cela indique que, même en l'absence de catastrophes majeures et médiatisées, le nucléaire civil affecte la santé des riverains. Ces incidents « mineurs » restent ignorés du grand public car les victimes sont invisibles ; il est donc difficile de saisir l'implication du nucléaire, entreprise d'autant plus délicate qu'il s'agit d'une industrie classée secret défense depuis 1974. La Vème République a tout simplement nié la démocratie en imposant à des dizaines de millions de personnes une énergie à risque.

Les promesses du nucléaire français sont nombreuses et anciennes mais subsistent encore aujourd'hui dans les discours d'EDF, d'AREVA et d'un gouvernement qui tente de sauver ce qu'il considère être un domaine de l'excellence française, exportable partout dans le monde[277]. Examinons la nature de ces promesses :

- « Le nucléaire civil « recycle » ses déchets » : cela est faux. Trois types de déchets sont générés : l'uranium appauvri, qui constitue 95% de leur volume total. Il est composé de résidus faiblement ou moyennement radioactifs et est théoriquement réutilisable si on l'enrichit à nouveau avec de l'uranium pur mais le coût de l'opération est si élevé que cela remettrait en question la filière tout entière. Il est donc généralement stocké[278]. Les déchets dits « ultimes » représentent 4% du volume et sont les plus radioactifs. Ce sont eux que l'on vitrifie et que l'on enterre prioritairement, à 500 mètres de profondeur près du village de Bure (Meuse/Haute-Marne)[279]. Cette technique est joliment dénommée « stockage géologique ». Enfin, le plutonium[280], concentrant seulement 1% du volume, est transformé en « Mox », combustible particulier utilisé dans certaines centrales. Il ne s'agit en fait aucunement d'un recyclage

---

[277] La France vend des centrales à travers le monde. En Inde, par exemple, nombreux sont les projets et les réalisations effectives sur des failles sismiques avérées.

[278] Dans le passé, il fut jeté en mer avant la convention internationale de Londres en 1975. Avant le scandale de 2010, EDF abandonnait l'essentiel de cet uranium appauvri en Sibérie.

[279] Lemonde.fr, https://urls.fr/mEjpa8 (consulté le 27 août 2018).

[280] Élément permettant la conception de bombes atomiques.

car cela impliquerait un réemploi multiple. Or, le Mox est limité à une seule utilisation. Au total, c'est 2 kilogrammes de déchets qui sont générés par chaque Français tous les ans (dont 5 grammes qui concentrent 97% de la radioactivité)[281].

- « Le nucléaire reste le meilleur moyen pour lutter contre le changement climatique » : il est vrai que contrairement à la combustion du charbon, du gaz ou du pétrole, la fission nucléaire n'émet pas de gaz à effet de serre directement. En revanche, d'importantes quantités de GES sont rejetées de manière indirecte et comptabilisées dans d'autres secteurs (bâtiments et transports pour les infrastructures et les matériaux notamment). Une autre partie des impacts climatiques est invisibilisée car « importée ». Effectivement, l'extraction de l'uranium contribue aux émissions de gaz à effet de serre du Niger et non de la France. Notons d'ailleurs que le nucléaire ne sera jamais une énergie dite « durable » puisqu'elle nécessite l'utilisation d'une ressource limitée sur Terre, les réserves d'uranium seraient en effet épuisées dans les années 2080 sur la base de la consommation actuelle[282]. Cela nous amène à battre en brèche l'idée selon laquelle l'indépendance énergétique de la France serait assurée alors qu'elle a massivement recours à une énergie fonctionnant à partir d'un combustible importé ; et ce d'autant plus que l'énergie nucléaire représente environ 75% de l'énergie produite dans le pays mais simplement 17% de l'énergie consommée (il faut en effet comptabiliser le gaz, le pétrole, l'essence pour les transports, etc.). Malgré tous ces aspects négatifs, la transition énergétique à la française nécessitera l'appui du nucléaire, ce dernier

---

[281] D'après les inventaires de l'Agence Nationale pour la Gestion des Déchets Radioactifs, inventaire.andra.fr.

[282] Certains parlent de la possibilité d'utiliser du thorium pour remplacer l'uranium. On lui prête effectivement des propriétés miraculeuses car il serait bien plus abondant et bien moins risqué. La méfiance devrait être de mise, le recours au thorium étant extrêmement peu documenté. Dans l'état actuel de nos connaissances, la fission nucléaire n'est pas un procédé sûr à cent pour cent, peu importe le combustible.

demeurant une source d'énergie productive et peu émettrice de CO2.

- « Il est impossible de connaître en France un accident similaire à celui que le Japon a subi avec Fukushima » : cette affirmation a été régulièrement portée par l'essentiel de la classe politique et par les « spécialistes » invités sur les plateaux médiatiques après la gigantesque catastrophe qui a touché l'archipel en 2010. Nous avons déjà abordé les questions sécuritaires mais il convient de préciser certains éléments concernant le futur de l'industrie nucléaire française. L'EPR [283] de Flamanville, centrale nouvelle génération, a accusé un retard de 12 années de construction avec une mise en service en 2024. Dans le but de rassurer des citoyens inquiets, ce projet a été présenté au grand public comme une toute nouvelle technologie capable de renouveler la filière et de faire face aux défis sociétaux contemporains. Il se trouve que de nombreux scandales entourent l'édification de cet EPR ; opérée par Bouygues, elle contiendrait des centaines de failles. En premier lieu, afin de réduire les coûts au maximum, le constructeur aurait fait appel à un nombre important d'ouvriers polonais non déclarés et sans aucune expérience dans le domaine[284]. Plus grave encore, la cuve du réacteur, élément d'une importance capitale, comporte de véritables fragilités du fait de malfaçons dûment ignorées par le maître d'œuvre, accusé d'avoir falsifié des certificats de conformité[285]. Dire que cet acte criminel aurait pu passer inaperçu ! La situation est complexe, retirer la cuve serait en effet trop onéreux. Dans la foulée, le gouvernement a adopté le 30 décembre 2015 un arrêté relatif à la sûreté des équipements sous pression nucléaire [286] . L'article 9 prévoit la possibilité pour le constructeur de demander à l'Autorité de sûreté nucléaire (ASN) une dérogation

---

[283] Evolutionary power reactor – Réacteur à eau pressurisé.
[284] Francetvinfo.fr, https://urls.fr/sZPrex (consulté le 27 août 2017).
[285] Lemonde.fr, https://urls.fr/Dn-ASR (consulté le 27 août 2017).
[286] Legifrance.gouv.fr, https://urls.fr/3-nvgB (consulté le 27 août 2017).

l'autorisant à utiliser une structure n'ayant pas satisfait à l'ensemble des exigences essentielles de sécurité en cas de « difficulté particulière ». Cela est problématique car nos vies sont ici mises en concurrence avec la survie de la filière nucléaire. Il convient de se questionner sur la nature de ces agissements qui peuvent tout aussi bien relever d'une inconscience intolérable que d'une connivence criminelle. L'on voit bien qu'idéologie néolibérale et énergie nucléaire ne sont pas compatibles.

Le poids de nos moyens de transport

La mondialisation productiviste implique une circulation colossale de personnes et de marchandises. Ces dernières sont acheminées par :

- la route: elle représente 90% du trafic intérieur de la France. Depuis vingt-cinq ans, ce dernier s'est développé essentiellement sur les infrastructures routières, en dépit de la loi d'août 2009 et de la mise en œuvre des engagements du Grenelle de l'environnement, qui s'était fixé comme objectif de faire passer à 23% avant 2020 la part du transport non routier et non aérien. Les poids lourds sont ainsi responsables de plus de 10% des émissions de gaz à effet de serre en France. Ils sont le deuxième moyen de transport de marchandises dans le monde.
- la mer: elle abrite la grande majorité du transport mondial de marchandises. Les transporteurs rivalisent pour construire des porte-conteneurs toujours plus imposants. Chaque navire achemine aujourd'hui des dizaines de milliers d'EVP (conteneur 20 pieds), soit des millions de tonnes de marchandises.
- l'air, via des avions-cargos. Ceux-ci ne peuvent transporter que 90 tonnes de marchandises, ce qui en fait un mode de transport extrêmement onéreux avec un bilan carbone élevé pour les produits transitant ainsi.

L'essentiel des flux de marchandises à l'international circule entre les pôles de la fameuse triade composée des États-Unis, de l'Europe et de l'Asie de l'Est.

Au-delà de ces considérations, ce sont surtout les réseaux d'infrastructures indispensables à tous ces flux qui doivent nous inquiéter. Effectivement, chaque mètre linéaire d'autoroute nécessite l'extraction de 30 tonnes de sable et de gravier et le déplacement d'au moins 100 mètres cube de terre de terrassement. Un kilomètre ? C'est autant de masse qu'un hôpital, une surface totale de 10 hectares souvent soustraite aux terres agricoles et un coût de 46 millions d'euros ! La construction de nouvelles voies appelle constamment de nouveaux trafics qui impliquent rapidement des saturations et la nécessité supposée de routes supplémentaires : un cycle sans fin donc. Effectivement, le trafic n'a jamais cessé de croître et il y a, en 2024, 5 fois plus de véhicules en France qu'en 1960. De plus, le réseau doit logiquement s'adapter aux machines les plus lourdes, les routes sont ainsi terriblement épaissis, les pistes des aéroports s'adaptent aux plus gros avions, les bassins des ports sont creusés de manière à accueillir de gigantesques tankers. Ce sont à chaque fois des millions de tonnes de terre, de sable, de gravier et de sédiment qui sont déplacés, des écosystèmes dévastés, des espèces repoussées, menacées, exterminées. Le plus terrifiant reste finalement l'entretien permanent de ces infrastructures. L'extraction de matières pourvoit désormais majoritairement à l'entretien et à la maintenance de l'existant. Si nous souhaitons conserver un tel réseau, toutes les destructions évoquées ici se poursuivront ; tout du moins jusqu'à ce que les ressources disponibles deviennent insuffisantes. Quoi qu'il en soit, le responsable est systématiquement le même : l'ultralibéralisme incontesté. Les gagnants, eux, sont bien connus car, soutenus par l'État, Vinci et ses filiales règnent en maîtres. Ils assurent l'essentiel des terrassements (GTM), des fondations (Soletanche), des couches des routes (Eurovia) et bien sûr l'extraction (Vinci Construction) tout en possédant des centaines de parkings, douze aéroports et évidemment plus de 4000 kilomètres d'autoroutes[287].

En ce qui concerne la circulation des personnes, le mode de transport le plus utilisé dans le monde reste bien évidemment la voiture individuelle. Après des décennies de recherche, on estime que le moteur à explosion est une technologie « finie » car ses principes demeurent les mêmes depuis son invention. Les améliorations ne portent désormais que sur des détails quasi insignifiants. Nous ne défendrons ici ni la voiture électrique ni l'utilisation d'agrocarburants. Il semble en effet improbable que la voiture telle que nous la connaissons subsiste dans un contexte de pénurie annoncé car aucune ressource ne fournira suffisamment de carburant à des centaines de millions de véhicules. Les mérites de l'électrique et de l'éthanol sont en permanence vantés mais aucune solution miracle n'existe. Il faut savoir qu'une voiture sortant de l'usine a déjà émis 14% des GES dont elle sera responsable[288]. Autrement dit, peu importe le carburant utilisé, on constate d'importantes émissions de GES dès la production. Quant au moteur électrique, il est vrai que l'utilisation de l'énergie nucléaire en France a un faible impact climatique mais durant les pics de consommation en hiver (et parfois en été), il peut être supérieur à celui d'une voiture classique dotée d'un moteur à explosion. Effectivement, la France a alors recours à des centrales thermiques (énergies fossiles). L'adoption massive du moteur électrique entraînerait des pics de consommation extrêmement préoccupants et l'ouverture de nouvelles centrales nucléaires ou thermiques[289]. La fabrication d'une voiture électrique nécessite en outre l'utilisation de ressources minières limitées, notamment de lithium pour les batteries, un métal qui n'est pas correctement recyclé

---

[287] MAGALHAES Nelo, « L'autoroute et le marchand de sable », Le Monde diplomatique, n°841, avril 2024, p. 18-19.

[288] Les désobéissants, *Désobéir à la voiture*, 1ère édition, Le château : Le passager clandestin, 2012, 59 pages.

[289] Reporterre.net, https://reporterre.net/Auto-electrique-la-grande-arnaque (consulté le 27 août 2017).

en l'absence d'infrastructures adéquates[290]. Du côté des agrocarburants, le constat est aussi décevant. Nous avons déjà souligné qu'ils aggravent considérablement les problématiques liées à la faim dans le monde en monopolisant des terres et des ressources alimentaires. L'Agence De l'environnement et de la maîtrise de l'énergie (ADEME) estime que, dans plus de la moitié des cas, les émissions de GES pour chaque kilomètre parcouru sont supérieures pour une voiture roulant à l'éthanol (à base d'alcool) à celles d'une voiture à moteur à essence classique[291]. Cela est d'autant plus regrettable que la plupart des carburants contenant des additifs végétaux proviennent de cultures de soja ou d'huile de palme et sont donc issus de la déforestation de par le monde. Enfin, beaucoup misent sur l'hydrogène (H) pour nous sortir de ce qui semble être une impasse pour l'avenir de la voiture individuelle mais il se trouve être inexistant sur Terre. De nombreuses méthodes visent à « craquer » d'autres molécules afin de l'obtenir ; la plus commune et maîtrisée consiste à utiliser du méthane (CH4). Au cours de l'opération, le carbone s'échappe et s'oxyde, se transformant ainsi en dioxyde de carbone (CO2). Le procédé nécessite par ailleurs de la vapeur à 900 °C et donc la consommation d'une grande quantité d'énergie. Toutes ces raisons nous amènent à prôner une réduction constante de la place occupée par nos véhicules personnels plutôt qu'une simple évolution de la carburation.

Lorsqu'on aborde la question des transports, l'aspect le plus médiatisé concerne les victimes de la route ; elles sont entre 3000 et 4000 en France chaque année, il faut ajouter à ce chiffre plus de 200 000 blessés et des dizaines de millions d'animaux percutés laissés pour mort sur les bords de routes. Ce sujet est traité avec la plus grande hypocrisie

---

[290] N'oublions pas qu'aucune forme de recyclage ne permet de récupérer 100% de la matière initiale.

[291] Il existe tout de même des formes intéressantes d'agrocarburants mais ils sont largement minoritaires dans le monde et absents en Europe. On peut également utiliser de l'huile de friture usagée pour les moteurs diesels. Se renseigner sur roulemafrite.fr.

; les constructeurs vantent en effet à longueur d'antenne la vitesse de leur dernier modèle. Si l'on se soucie véritablement des risques inhérents à la route, pourquoi ne pas rendre obligatoire le bridage[292] des véhicules neufs ? La vitesse et le nombre de voitures sur les routes développent le sentiment d'insécurité. Paradoxalement, moins nous nous sentons en sécurité, plus nous avons tendance à utiliser la voiture. Un cercle vicieux se met alors en place. L'adoption de notre système de mobilité n'a suivi qu'une seule logique durant la seconde moitié du XXème siècle : celle de la recherche de la croissance économique. Il ne s'agissait pas de favoriser le bien-être, la proximité ou le lien social mais bel et bien d'utiliser les outils permettant l'essor de nombreux marchés (urbanisme, travaux routiers, constructeurs automobiles...). En se focalisant sur les accidents de la route, on oublie que la voiture fait bien plus de victimes de manière silencieuse du fait de la pollution de l'air. En effet, son impact environnemental dépasse la seule question du changement climatique car le transport est responsable d'environ un quart des particules fines émises en France. La pollution de l'air a causé en 2017 près de 50 000 morts en France[293], plus de 500 000 en Europe[294] et de 7 millions dans le monde[295] ! Cela affecte les humains mais aussi la biodiversité. Parmi les gaz rejetés se trouvent les oxydes d'azote qui font perdre leurs odeurs aux fleurs, désorientent les abeilles et remettent en question leur travail de pollinisation[296]. La pollution de l'air coûterait chaque année 101,3 milliards d'euros à la France si l'on prend en compte non seulement les dommages sanitaires mais également ses conséquences sur les bâtiments, les écosystèmes et l'agriculture. Il s'agit donc

---

[292] Vitesse limitée mécaniquement tel que cela existe pour les poids lourds.
[293] LEMOINE Vanessa, LE FLOC'H Katel, « Impacts de la pollution de l'air en France : nouvelles données et perspectives », Santé Publique France, 2016, Communiqué de presse, 2 pages.
[294] Lemonde.fr, https://urls.fr/dwy7mh (consulté le 27 août 2017).
[295] Lemonde.fr, https://urls.fr/SDv2gT (consulté le 27 août 2017).
[296] Sciencesetavenir.fr, https://urls.fr/_khEbH (consulté le 27 août 2017).

ici aussi d'une « aberration économique » [297]. Enfin, l'omission des nouvelles inégalités créées par les déplacements automobiles constitue la dernière hypocrisie. Les classes populaires concentrées dans les banlieues effectuent effectivement des trajets plus longs et plus dangereux pour se rendre au travail dans les centres-villes ou les zones d'activités économiques[298]. La longueur du trajet domicile-travail a ainsi progressé de 20% depuis 1994 en France[299]. De ce fait, les risques que vous encourez sur la route dépendent également de votre classe sociale. Au-delà des pollutions environnementales et des impacts humains, un véhicule transporte 1,2 personne en moyenne, ce qui signifie qu'une personne se déplaçant en automobile occupe bien plus d'espace que si elle avait recours à n'importe quel autre mode de transport terrestre. Parking, routes, infrastructures en tous genres, la voiture est responsable de l'essentiel de l'étalement urbain qui engloutit tous les sept ans l'équivalent d'un département français moyen sous le béton[300]. C'est ainsi qu'en ville, un quart de l'espace est occupé, directement ou non, par la voiture[301]. Notre système souffre d'inertie, nous ne sommes pas du tout préparés aux nouveaux chocs pétroliers et économiques que nous ne pourrons éviter. Nous sommes certainement en train de contribuer à un scénario de fuite en avant et favorisons donc la compétition entre les individus et les territoires, chacun tentant de maintenir son niveau de vie au détriment des autres.

Qu'il s'agisse de transporter des personnes ou des marchandises, le modèle routier dispose aujourd'hui d'un véritable monopole radical, au sens d'Ivan Illich, car il s'impose comme l'unique option pour beaucoup tout en empêchant des alternatives de se développer (le cycliste

---

[297] AICHI Leila, HUSSON Jean-François, « Pollution de l'air, le coût de l'inaction », Rapport n°610, *2015*, 306 pages.

[298] GROSSETETE Matthieu, « Des accidents de la route pas si accidentels », Le Monde diplomatique, août 2016, n°749, p. 13.

[299] DENHEZ Frédéric, *La fin du tout voiture*, Paris : Actes Sud, 2013, p. 120.

[300] MARION Fabienne, « Le prix des terres : synthèse », SAFER, mai 2016, 12 pages.

[301] DENHEZ Frédéric, *La fin du tout voiture*, op. cit. p. 115.

craint la voiture en ville, le train n'est pas assez compétitif...). Si l'automobile est un symbole indéniable de la problématique écologique, l'avion n'est aucunement en reste. L'aviation civile est accusée de fortement contribuer au changement climatique mais elle bénéficie tout de même d'une image positive car elle rendrait possible une certaine ouverture au monde, et ce encore davantage grâce au développement des compagnies low cost qui donneraient aux classes populaires accès à bien des destinations. Peut-on s'opposer à un mode de transport qui permet l'échange entre les peuples ? Il semblerait malheureusement que la vérité soit plus nuancée. Quelques chiffres parlants : les ouvriers constituent 12,1% de la population française mais seulement 2% des passagers des aéroports alors que les cadres représentent 9,4% des Français mais 27% des passagers transportés[302] ! En somme, nous assistons à une multiplication des voyages mais pas des voyageurs ; ce phénomène bénéficie avant tout aux classes sociales supérieures et contribue à creuser encore et encore les inégalités.

[302] Yoann Demoli, Jeanne Subtil, Sociologie, Boarding Classes. « Mesurer la démocratisation du transport aérien en France (1974-2008) », 2019.

CHAPITRE II : SE TOURNER VERS LA RÉSILIENCE

« Le capitalisme est la croyance stupéfiante selon laquelle les pires des hommes vont faire les pires choses pour le plus grand bien de tout le monde »

John Maynard Keynes

Il est indispensable de s'accorder sur le caractère impérativement inclusif de la transition énergétique. Les citoyens devront demeurer des parties prenantes de la production d'énergie dans le cadre d'un nouveau modèle énergétique. Il convient donc de considérer que la transition énergétique ne peut être menée indépendamment d'une transition sociétale d'ensemble. Certains politiciens et cadres supérieurs, issus des secteurs publics comme privés, résument la notion d'écologie à la seule consommation d'énergie et défendent l'idée d'un modèle énergétique privatisé. Le risque est alors que le développement des énergies renouvelables se réalise sous la tutelle de grands groupes pétroliers et bancaires avec des matériaux fabriqués à l'autre bout de la planète. Cela ne manquera pas de faire émerger des critiques contre les technologies « vertes » qui seraient alors les boucs émissaires d'une écologie perçue comme une imposture ou une simple manne financière pour celles et ceux qu'on appelle « les écologistes ».

Application du scénario Negawatt

Une transition énergétique envisageable est largement détaillée[303] dans le Scénario Negawatt[304] mis à jour chaque année par l'association éponyme « Negawatt » qui rassemble des ingénieurs en énergie. Loin de se cantonner à l'éternel débat sur la capacité des énergies renouvelables à produire suffisamment pour concurrencer les ressources fossiles et l'industrie nucléaire, il se focalise sur les solutions aptes à réduire la consommation énergétique globale. Le premier pilier concerne justement l'éducation et l'adoption de bonnes habitudes à même de réduire la facture d'électricité de l'ensemble des foyers. Preuve de la pertinence d'un tel objectif, il existe un dispositif de l'Agence locale de l'énergie et du climat (ALEC) appelé « Familles à énergie positive », qui consiste à accompagner un foyer dans la réduction de sa facture d'électricité uniquement par des changements de comportements avec un objectif initial de 8% de baisse de sa consommation. En moyenne, le gain effectif est de 15% et dépasse donc les espérances[305] ! Ces ajustements dans nos modes de vie peuvent être classifiés en 4 catégories[306] et concernent en particulier le chauffage électrique, le chauffe-eau, les appareils électroménagers et, en dernier lieu, les divers appareils électroniques (ordinateurs, consoles de jeux, appareils connectés, etc.). Il faut ajouter les économies qui sont du ressort des collectivités : éclairage public, publicités électroniques, vitrines, etc.

Le second pilier du scénario concerne l'efficacité énergétique. Cela exige une politique extrêmement volontariste visant à garantir l'isolation thermique de tous les bâtiments professionnels et privés. L'on pourrait ainsi diviser par quatre la dépense liée au chauffage[307].

---

[303] En dehors de la partie « mobilité » abordée ensuite.

[304] Association Négawatt, *Le manifeste Négawatt*, édition 2015, Paris : Actes Sud, 2015, 368 pages.

[305] Agence Locale de l'Energie et du Climat de Lyon.

[306] Monenergie.net, https://urls.fr/RD4ETT (consulté le 27 août 2017).

[307] D'après l'ADEME, https://www.faire.fr/.

Pour ce faire, une fiscalité attractive[308], favorisant l'implantation d'un maximum d'acteurs sur ce marché, et des prix bas constituent probablement la méthode la plus efficace. Il est également indispensable d'instaurer une niche fiscale, telle que celle temporairement proposée durant le Grenelle de l'environnement. Elle permettrait aux particuliers procédant à des travaux sur leur propriété de diminuer leurs impôts d'un montant égal à une proportion importante de la somme investie. Enfin, le troisième pilier porte sur le développement des énergies renouvelables elles-mêmes. Selon l'ADEME, leur potentiel de production dans l'Hexagone correspond à trois fois la demande annuelle d'électricité prévue au milieu du siècle, toutes filières vertes confondues[309] (éolien, solaire, biomasse, géothermie, hydraulique, énergies marines). Les possibilités sont particulièrement importantes pour la biomasse et l'énergie marémotrice. Le gisement du raz Blanchard dans la Manche dispose d'un potentiel de production électrique équivalent à environ 3 réacteurs nucléaires ![310] D'autres technologies telles que les panneaux photovoltaïques ou les éoliennes sont parfois considérées comme polluantes ; leurs filières françaises ont malheureusement été mises à mal mais rien n'empêche de les réinvestir. Si la technologie photovoltaïque à « couches minces » pose de véritables problèmes d'utilisation de métaux, notamment critiques, cela est moins vrai pour la technologie « silice » qui utilise uniquement de l'argent. Au final, le scénario Negawatt propose une transition en l'espace d'une vingtaine d'années, et ce, sans même prendre en compte le progrès technique à venir durant ces deux décennies. Cette analyse est partagée par l'ADEME, qui considère que la France pourrait devenir quasi indépendante des énergies fossiles et nucléaire d'ici à 2050 si elle faisait le

[308] Un taux d'imposition bas (mais aussi une TVA réduite) pour un secteur considéré comme stratégique est tout à fait envisageable.

[309] Ademe.fr, https://www.ademe.fr/mix-electrique-100-renouvelable-analyses-optimisations (consulté le 27 août 2117).

[310] MOUGEY Amélie, « La France va-t-elle turbiner à l'énergie des mers ? », Terraeco, novembre 2013, n°52, p. 14.

choix des renouvelables[311]. Enfin, de nombreuses autres technologies ne demandent qu'à être améliorées mais ne bénéficient malheureusement pas encore des fonds nécessaires. L'exemple du Kitegen, qui peut pallier aux limites de l'éolien, est particulièrement parlant[312].

La protection de l'environnement est sans aucun doute l'objectif central d'une transition énergétique. Néanmoins, d'autres enjeux devront être pris en compte. À commencer par l'emploi : on comptabilise en effet 125 000 emplois directs dans le nucléaire civil[313] et il est légitime de craindre pour leur avenir en cas de fermeture des centrales. Comme on ne peut désactiver un réacteur du jour au lendemain, ces postes seront maintenus pour toute la durée du démantèlement, c'est-à-dire sur plusieurs décennies. Les emplois indirects, eux, ne seront pas menacés puisqu'ils seront simplement mis au service des nouvelles formes d'énergie. Enfin, et c'est essentiel, le potentiel de création de nouveaux emplois est gigantesque. De nombreuses prévisions concordent. Le scénario Negawatt compte sur près de 600 000, ce qui est confirmé par le Centre International de Recherche sur l'Environnement et le Développement (CIRED)[314]. L'Agence De l'Environnement et de la Maîtrise de l'Energie (ADEME) et l'Office Français des Conjonctures Économiques (OFCE) évoquent la possibilité de créer 330 000 emplois d'ici à 2030 et même 825 000 d'ici à 2050[315]. Les quartiers populaires en bénéficieraient

---

[311] Lemonde.fr, http://www.lemonde.fr/idees/article/2015/12/04/les-energeticiens-veulent-ils-vraiment-developper-le-renouvelable_4824482_3232.html#bwLzSKVjebOM6Vzm.99 (consulté le 27 août 2017).

[312] Kitegine.com, http://www.kitegen.com/en/ (consulté le 27 août 2017).

[313] SCHEPMAN Thibaut, « L'étrange calcul de Mr Proglio », Terraeco, décembre 2011, n°31, p. 16-17.

[314] QUIRION Philippe, « L'effet net sur l'emploi de la transition énergétique en France : une analyse input-output du scénario NégaWatt », Documents de travail, CRIRED, avril 2013, n°46-2013, 41 pages.

[315] CALLONEC G., LANDA G., MAILLET P., REYNET F., « L'évaluation macroéconomique des visions énergétiques 2030-2050 », ADEME, 2013, 37 pages.

grandement car ils abritent de nombreuses copropriétés dégradées. Il s'agirait d'une méthode prometteuse de lutte contre le chômage de masse des jeunes, qui dépasse parfois les 50% dans certains milieux, et de réduction des actes de délinquance divers qui peuvent résulter de la précarité. En Allemagne, 385 000 personnes travaillent déjà dans les énergies renouvelables. Le second enjeu de la transition énergétique est son coût. Les réflexions portant sur la transition financière permettront de comprendre comment financer pareille entreprise car les plus vives critiques visant le développement des énergies renouvelables visent son caractère onéreux. Des sommes gigantesques sont avancées mais ses détracteurs oublient généralement de préciser qu'elles incorporent des dépenses qui devront, de toutes manières, être supportées par l'État. Il s'agit notamment du démantèlement des centrales nucléaires, qui pourrait coûter des dizaines de milliards d'euros[316]. En outre, si l'on choisit de conserver l'atome, il faudra investir dans la rénovation des infrastructures actuelles (pour les centrales, mais aussi pour la gestion des déchets) et prévoir la construction de nouveaux sites. D'autres aspects sont à prendre en compte, notamment la subsistance de l'industrie nucléaire dans un environnement modifié par le changement climatique. Le débit des fleuves français en été va fortement diminuer dans les décennies à venir et il est probable qu'ils ne puissent plus refroidir suffisamment les centrales, les forçant à l'arrêt en période de canicule. La conclusion ne fait aucun doute : il faudra en effet investir des sommes considérables ; choisissons donc une transition énergétique qui profitera au plus grand nombre. Avant de poursuivre, il nous faut souligner que le scénario Negawatt n'accorde encore pas suffisamment de place aux basses technologies, généralement appelés *low-tech*. Ces dernières sont considérablement moins gourmandes en ressources et en consommation énergétique. Les

[316] Lemonde.fr, https://urls.fr/xdS5hK (consulté le 27 août 2017).

exemples répandus ne manquent pas : le vélo non électrique, la balance mécanique, le four solaire, etc[317]. L'enjeu de la gouvernance et de la production locale de l'énergie est pourtant primordial ; à terme, le défi sera avant tout de développer des énergies renouvelables accessibles, aisément réparables et adaptées aux territoires.

Faire évoluer nos moyens de transports

S'il existe une activité économique complexe à réformer, il s'agit sans aucun doute du secteur du transport. La situation actuelle de la vallée du Rhône est particulièrement parlante. La Suisse interdisant aux transporteurs étrangers d'emprunter son territoire, l'essentiel des marchandises traversant l'est de l'Europe transite par l'autoroute A7 dite « du Soleil ». Sur cet axe comme sur d'autres, il faudrait pourtant absolument réduire la place du transport routier. Les entreprises sont extrêmement nombreuses dans ce secteur et les tracteurs routiers transportant 40 à 44 tonnes sont légion sur nos autoroutes et nos nationales. Les sociétés de transport disposent d'une force de contestation importante en cas de tentative de réforme du fait de leur capacité à bloquer aisément n'importe quel axe de circulation tout en opérant un chantage à l'emploi. L'épisode de l'écotaxe voulue par le gouvernement de M. François Hollande l'a particulièrement bien démontré. D'autre part, d'autres acteurs ont tout intérêt à conserver cette configuration. L'industrie pétrolière, bien entendu, mais également les propriétaires gestionnaires des autoroutes, notamment le groupe Vinci. Les gouvernements successifs ont tous échoué mais il faut bien avoir à l'esprit qu'aucun n'a jamais souhaité transformer le modèle économique.

Le thème de la mobilité, bien que partie intégrante de la transition énergétique, est souvent négligé alors que les transports constituent la deuxième source de

---

[317] Des exemples à l'infini sur lowtechlab.org.

dépense énergétique en France et que notre organisation actuelle nous rend complètement dépendants du pétrole. Cela se ressent d'abord dans l'acheminement de nos marchandises. En France, les alternatives au « tout routier » peinent à se développer. Le fret ferroviaire diminue chaque année (-4,9% en 2016), de même que le transport combiné rail-route (-16,6 en 2016) ou que le fluvial (-8,4% en 2016). Le transport routier, lui, concentre 90% des trajets effectués. Pourtant, en 1970, seulement 50% des marchandises étaient transportées par route et 30% par fret ferroviaire ! Il va sans dire qu'il s'agit d'un sujet complexe mais bien des politiques pourraient être menées pour favoriser le développement d'alternatives. En voici quelques-unes :

- le développement du fret ferroviaire notamment grâce au ferroutage et à son cousin, le système intermodal, qui souffrent tous deux de la concurrence face au transport routier car ce dernier n'a pas à supporter le poids des infrastructures, les routes étant entretenues par la collectivité. Il semble donc logique de taxer les poids lourds, et de diminuer ainsi leur compétitivité. Un rapport du Centre d'Analyse Stratégique (CAS) préconise également d'élargir les plages horaires de fonctionnement des réseaux ferrés, généralement inaccessibles tôt le matin et tard le soir[318]. Rappelons qu'un seul train peut transporter autant de marchandises que cinquante poids lourds !
- la mise en place de certains chantiers permettrait d'augmenter largement les possibilités du transport fluvial sur la majorité des fleuves français. Là aussi, étendre les horaires d'utilisation des écluses en les automatisant semble constituer une nécessité évidente.

Les moyens de transport des passagers doivent également évoluer. Dès 1973, dans son célèbre article « L'idéologie sociale de la bagnole », André Gorz mettait

---

[318] RAYNARD Christine, dans son rapport « Pour une complémentarité du rail, de la route et du fleuve au service du transport de marchandises », Centre d'analyse stratégique (CAS), septembre 2012, n°288, 12 pages.

en évidence le fait que l'automobile était à l'origine un produit de luxe qui n'aurait jamais dû se diffuser massivement. En procédant à sa généralisation dans le monde entier, les constructeurs l'ont immédiatement dévalorisé. Effectivement, le privilège des plus fortunés, à savoir la possibilité de se déplacer à bien plus grande vitesse que qui que ce soit, a partiellement pris fin alors que les bouchons, les nuisances visuelles, sonores et sanitaires se multipliaient à grande vitesse, encourageant chacune et chacun à utiliser sa voiture pour fuir le miasme des grandes villes provoqué par ... les voitures elles-mêmes[319]. Il ne fait aucun doute que les transports en commun constituent encore et toujours la meilleure des alternatives et disposent d'une supériorité éclatante face à la voiture individuelle[320]. Au début du XXème siècle, de nombreuses villes de pays occidentaux possédaient un réseau extrêmement développé de transports en commun. Ce sont les lobbies pétroliers et ceux du secteur automobile qui, durant des décennies, ont tout fait pour les enterrer au profit de la voiture individuelle[321]. Les habitants d'Avignon savent-ils que leur ville disposait d'un réseau de tramways de plus de 17 kilomètres à cette époque ?[322] Depuis un quart de siècle environ, les municipalités des grandes villes n'ont pu que constater la multiplication des embouteillages et la nécessité d'investir largement dans des transports en commun qui peuvent acheminer bien plus de passagers, occupent bien moins d'espace, et réduisent ainsi considérablement les problèmes de circulation. L'exemple lyonnais est parlant. Au début des années

[319] GORZ André, « l'idéologie sociale de la bagnole », Le Sauvage, septembre-octobre 1973.

[320] Nous ne reviendrons pas sur l'utilisation du vélo et tous les autres modes de transports qui tombent sous le sens et qui ne fonctionnent que pour de courts trajets. Ces derniers ne sont néanmoins pas à négliger car une importante partie des déplacements quotidiens en voiture font en réalité moins de 2 kilomètres ! Notons tout de même qu'ils sont de plus en plus privilégiés, notamment par les citadins.

[321] GODDARD Stephen, « Getting There : The Epic Struggle Between Road and Rails in the American Century », University of Chicago Press, 1996, p.102-137.

[322]Fr.wikipedia.org, https://urls.fr/Dl0nwI (consulté le 27 août 2017).

1990, le développement de nombreuses lignes de métro, de tramways et de bus ont transformé la ville. Les avantages sanitaires, sociaux et environnementaux furent colossaux même s'il reste encore aujourd'hui beaucoup à faire. C'est d'ailleurs au sein d'un modèle urbain permettant aux transports en commun de devenir la norme que des carburations alternatives prennent tout leur sens. Le bus, le métro et le tramway électrique polluent beaucoup moins et sont moins bruyants. Les agrocarburants de deuxième ou de troisième génération[323] diminuent drastiquement l'impact carbone de la mobilité citadine. Là aussi, le potentiel en matière de création d'emplois est important : 160 000 d'ici à 2030, 215 000 si l'on prend en compte le développement des transports ferroviaire et fluvial[324]. Au-delà des transports en commun, le meilleur allié pour chasser la voiture demeure le vélo car il force l'automobiliste à rouler moins vite et démarginalise l'ensemble des modes alternatifs. La généralisation de ces « nouvelles » mobilités devra impérativement s'accompagner d'une réduction de la vitesse moyenne en ville. Toutes les villes européennes qui ont adopté les 30 km/h en centre-ville attestent l'efficacité de la mesure pour lutter contre la pollution de l'air, les accidents et pour fluidifier le trafic alors que la vitesse moyenne réelle dans les métropoles françaises est, de toutes les façons, de 15 km/h[325].

Diminuer les déplacements

Lorsque l'on traite de la thématique des transports, le débat tourne en permanence autour de la mobilité de demain. Il est pourtant tout aussi pertinent de se questionner sur les raisons qui nous pousseront à nous déplacer. Le modèle de la voiture individuelle ne saurait

---

[323] La seconde génération utilise la partie non comestible de la plante tandis que la troisième propose l'utilisation d'algues.

[324] QUIRION Philippe, « L'effet net sur l'emploi de la transition énergétique en France : Une analyse input-output du scénario NégaWatt », op. cit.

[325] DENHEZ Frédéric, *La fin du tout voiture*, op. cit. p. 180.

perdurer et ne pourra plus constituer le moyen de transport principal dans nos sociétés. Il n'incarne déjà plus tout à fait le symbole de liberté et de richesse célébré durant les Trente Glorieuses. En effet, le nombre de permis délivré est de 30% inférieur à celui des années 1980 et le parc automobile français stagne comme le nombre de kilomètres annuellement parcourus par une voiture. Ce phénomène de désacralisation du véhicule personnel touche principalement les moins de 30 ans, qui sollicitent principalement le covoiturage ; ils sont 40% à ne pas ou à ne plus posséder de voiture[326]. Déjà dans les années 1970, avec son concept de vitesse généralisée, Ivan Illich calculait que si l'on considère les heures de travail nécessaires à l'achat, aux réparations, au carburant du véhicule et que l'on rapporte tout cela à la distance parcourue, nous roulons en fait à 6 km/h en moyenne[327]. En d'autres termes, bien des Français utilisant leur voiture tous les jours vont travailler pour payer le moyen de transport qui leur permet de se rendre au travail !

Le problème du transport doit être relié à celui de la ville et de la centralisation économique. La mondialisation néolibérale a créé des espaces de consommation qui concentrent l'ensemble des espaces de vie : supermarchés, grandes surfaces dédiées aux produits culturels, espaces de loisirs, locaux d'entreprises, etc. On a destiné certains endroits à l'habitation et d'autres à la consommation, ce qui entraîne un affaiblissement des relations sociales et des impacts environnementaux concrets du fait de la bétonisation des espaces naturels. Outre l'imperméabilisation des sols, l'on favorise ainsi l'apparition d'îlots de chaleur urbains. Il fait effectivement toujours moins chaud à la campagne qu'à la ville pour une météo identique car le manque de nature implique une réduction de l'évapotranspiration,

---

[326] HARTMANN Isabelle, « Génération sans voiture », Terra eco 61 octobre 2014, p. 42-43.

[327] ILLICH Ivan, *Énergie et équité*, 2d édition, Paris : Seuil, 1975, 148 pages.

processus par lequel les plantes consomment une partie de la chaleur ambiante. En décentralisant l'économie, l'on favorise l'émergence de nouveaux lieux de partage, d'associations de quartiers, la multiplication des liens sociaux, tout en créant un grand nombre d'emplois, comme nous l'avons vu auparavant. Les petits commerces permettent en effet d'embaucher bien plus que les grandes surfaces pour un même chiffre d'affaires. Décentraliser l'économie est un principe parfaitement en adéquation avec celui de la redynamisation de nos régions, notamment d'un point de vue agro-alimentaire, des enseignes locales travaillant avec des agriculteurs locaux. La configuration de notre économie n'est pas une fatalité, c'est un choix politique et idéologique.

Pour Bruno Marzloff, spécialiste de la mobilité, la voiture devra devenir un transport collectif individuel ; en ville, on a besoin du service qu'elle offre, pas de l'objet[328]. Pour permettre cela, il faut absolument réduire l'attractivité du « tout-voiture » et la reléguer au rang des modes de transport secondaires. Ainsi, toutes les mesures visant à restreindre sa place sont pertinentes, aussi impopulaires soient-elles : réduction des limitations de vitesse, voies réservées aux transports en commun, au covoiturage et aux vélos, hausse du prix du carburant, etc. Ce processus doit être mené concomitamment au développement de modes de déplacement alternatifs. On peut également questionner les inégalités existantes en matière d'infractions routières : payer un PV de stationnement 16 € ou un excès de vitesse 90 € dissuade-t-il autant le directeur d'une grande entreprise que le smicard ? Il serait bien plus égalitaire et juste que la somme soit indexée sur le revenu du fautif sur la base d'un pourcentage. Plus nous avancerons dans cette direction, plus la voiture se rapprochera d'un « transport collectif individuel ». Ceci pourrait induire :

- généraliser l'application du principe du vélib[329] sur l'ensemble du territoire national grâce à l'acquisition

[328] HARTMANN Isabelle, « Génération sans voiture », op. cit.
[329] Service de location de vélos en métropole.

d'une flotte de véhicules. L'on peut ainsi instaurer une économie de la fonctionnalité qui assurerait une logique bien plus respectueuse de l'environnement et qui permettrait au consommateur de louer très rapidement et facilement un véhicule en fonction de ses besoins sans être responsable de sa gestion. En outre, en proposant de vendre la fonction du produit et non le produit lui-même, l'entreprise loueuse a tout intérêt à assurer un entretien adéquat de sa flotte et de choisir des voitures efficientes sur le plan de la consommation de carburant, voire une reconversion des véhicules usagés. Cela existe déjà et se développe dans les grandes villes grâce au service Citiz, une entreprise de l'économie sociale et solidaire !

- la facilitation de la propriété collective ; plusieurs familles peuvent alors devenir les copropriétaires d'un ou de plusieurs véhicules. Il faudra donc faire évoluer l'organisation individuelle du travail et la culture de la mobilité, ce qui entraînera des économies importantes car le mode de transport (principalement la voiture donc) constitue l'un des principaux éléments du budget des ménages français devant la santé ou les loisirs.

Les déplacements de demain ne seront plus centrés sur l'automobile mais ne devront pas pour autant l'exclure.

CONCLUSION

« Dans une avalanche, aucun flocon ne se sent jamais responsable »

Stanislaw Jerzy Lec

Il résulte de toutes ces informations un questionnement légitime : comment en est-on arrivé là ? Pourquoi la plupart des politiciens continuent-ils de vanter l'efficacité de politiques néolibérales qui ont pourtant maintes fois montré leur effet destructeur ? Pourquoi les préoccupations écologiques ne sont-elles pas au centre des initiatives individuelles et collectives ? Il n'existe évidemment pas de réponse unique à ces interrogations mais plusieurs éléments peuvent être soulignés. La psychologie sociale nous enseigne que la dissonance cognitive pousse bien des individus d'influence à tordre les problématiques environnementales de manière à les intégrer à leur propre vision du monde sans nécessairement remettre en question un système qui demeure pourtant le véritable responsable. Elle nous en apprend également beaucoup sur nos propres comportements, choix et modes de vie face aux enjeux écologiques. Or, nous sommes le fruit d'un héritage culturel qui pèse lourd sur la conception de notre vision du monde collective.

Du côté de l'économie orthodoxe, la nature a toujours été considérée comme une préoccupation secondaire par une société qui se veut rationnelle (de façon générale, les sciences sociales définissaient leur objet en le coupant soigneusement de la nature). Avec l'émergence des parcs nationaux (1872 aux USA), du ministère de l'Environnement en France (1974) ou encore du concept de développement durable dans le monde (1987), la protection de l'environnement s'est imposée comme un élément crucial pour les politiques publiques. Elle ne pouvait cependant aucunement remettre en question le mot d'ordre, à savoir celui d'une croissance économique infinie, idée ancienne et reconnue par la plupart des économistes depuis Jean-Baptiste Say, au début du XIXème siècle. Une notion que Walt W.Rostow renforcera en 1960 avec une conception évolutionniste de l'économie des civilisations : « la société traditionnelle, [puis] les conditions préalables du démarrage, [puis] le démarrage, [puis] le progrès vers la maturité et [enfin] l'ère de la consommation de masse »[330]. Cette croyance en une croissance infinie indépendante de la consommation de ressources naturelles n'est pas une anecdote et constitue encore aujourd'hui l'une des bases de l'économie enseignée dans les universités et les grandes écoles du monde occidental. La plupart de nos dirigeants ont été nourris par des concepts issus du règne néolibéral et ont cultivé une forme d'entre-soi mélangeant élite politique et élite économique. De nombreux politiciens, journalistes, dirigeants, avocats sont issus des mêmes classes économiques, sociales et culturelles, sont formés dans les mêmes écoles et possèdent ainsi un ensemble de valeurs, des intérêts et une vision du monde en commun. Dès lors, un homme politique issu de l'idéologie néolibérale peut difficilement sortir de son cadre de pensée ; comment aurait réagi un royaliste à qui l'on aurait demandé à la veille de la Révolution de reconsidérer la monarchie française ? Cette véritable « dépendance au sentier » implique que des particularités historiques, justifiées auparavant, perdurent et freinent tout changement de trajectoire car celui-ci impliquerait un effort trop important ; et l'adoption du concept de « développement durable » par les grands États et les grandes entreprises de la planète ne changera malheureusement guère la donne.

Selon le sociologue Luc Boltanski, la plus grande force du capitalisme réside sans aucun doute dans sa capacité à s'approprier les critiques qui lui sont faites et à les

[330] ROSTOW Walt W., *Les Etapes de la croissance économique*, 1ère édition, Paris : Seuil, 1963, p. 13.

retourner à son avantage[331]. Effectivement, au début des années 1970, l'écologie politique bénéficiait d'une audience internationale. La conférence de Stockholm sur l'environnement de 1972 mettait l'accent sur l'incapacité de l'expansion économique à protéger la nature. On considérait qu'un équilibre devait être trouvé et de nouveaux indicateurs développés. Or, le rapport Brundtland de 1987, de par l'intronisation du nouveau terme de « Développement Durable », et la conférence de Rio de 1992 prônaient exactement le contraire et proposaient les instruments de marché [332] comme mesures centrales de préservation de la planète. Chaque conférence internationale s'inspira de cette conclusion et on ne prit plus la peine de souligner l'existence d'alternatives sociétales. Le paradigme devint : « Sauvons la nature en la privatisant et en la considérant comme une marchandise ». On fit la promotion d'une croissance que l'on qualifia de « verte ». Le néolibéralisme réussit à s'imposer, non pas comme un modèle parmi tant d'autres mais comme le seul devenir sociétal possible pour le monde, comme l'énonçait déjà Margaret Thatcher : « *There is no alternative* »[333].

Héritage de l'ère industrielle, des avancées de la médecine et des Trente Glorieuses, l'illusion d'un progrès technique constamment salvateur nous permet de saisir l'impasse dans laquelle nous nous retrouvons. L'Anthropocène aurait probablement dû nous encourager à l'humilité mais c'était sans compter sur les géants de la recherche climatique et sur les espoirs spatiaux. Lowell Wood, astrophysicien, déclare ainsi : « Nous avons contrôlé tous les autres environnements où nous

---

[331] Lire BOLTANSKI Luc, CHIAPELLO Eve, *Le nouvel esprit du capitalisme*, 1ère edition, Paris : Gallimard, 1999, 843 pages.

[332] Lire BONNEUIL Christophe, FEYDEL Sandrine, *Prédation : Nature, le nouvel eldorado de la finance*, op. cit.

[333] À partir des années 1980, ce slogan est utilisé pour signifier que le marché, le capitalisme et la mondialisation sont des phénomènes nécessaires et bénéfiques et qu'un régime qui prend une autre voie est voué à l'échec.

vivons, pourquoi pas la planète ? »[334]. En bref, nous nous attaquons aux effets plutôt qu'aux causes. Ce principe régit nos sociétés, qu'il s'agisse de l'économie, de l'écologie, de la politique étrangère et militaire, et même des mesures internes de sécurité et de police. Cela va de la collecte du méthane issu des élevages industriels, afin d'éviter les émissions de méthane du secteur, au traitement toujours plus intensif de l'eau polluée, projets privilégiés au détriment d'une politique sérieuse et raisonnable de sobriété et de responsabilisation des populations. Les espoirs en matière de contrôle du climat et d'amélioration de l'humain (appelée transhumanisme) constituent probablement la forme finale de cette philosophie. D'une part, il s'agit de transformer le climat afin de réduire artificiellement les températures[335]. D'autre part, de modifier ou « parfaire » les corps en éliminant le mystère et les aléas de la naissance pour, à terme, en finir avec la mort biologique. Il est certain qu'une firme privée disposant de tels pouvoirs aurait les capacités de faire plier n'importe quelle puissance étatique. La conquête spatiale, quant à elle, reste le vecteur essentiel qui entretient l'imaginaire de la population en une technologie salvatrice, incarnation de valeurs portées par des personnalités complexes mais symptomatiques d'une société qui a besoin de repères et de foi en la providence. Elon Musk, Jeff Bezos, et Bills Gates en sont des exemples parlants. Les astrophysiciens les plus sérieux sont pourtant très clairs : il sera impossible de vivre sur Mars du fait de lois physiques et biologiques inviolables[336]. En attendant, France Culture, et bien d'autres, poursuivent les émissions orientées quitte à s'enthousiasmer pour les recherches en cours sur l'ADN de l'ours afin de transmettre génétiquement à nos astronautes et spationautes la capacité d'hiberner de

---

334 Cité par HAMILTON Clive, *Les apprentis sorciers du climat*, 1ère édition, Paris : Seuil, p. 156.

335 Sciences & vie, « Changer le climat : les scientifiques s'y préparent », Sciences & vie, n°1213, octobre 2018, p. 64-81.

336 Lemonde.fr, https://urls.fr/5yXo-8 (consulté le 22 mars 2022).

traverser les rayonnements cosmiques sans danger, à destination de la mystérieuse planète rouge [337]... Incapables de remettre le système économique en question, nous nous accrochons à l'idée que celui-ci est en mesure de faire face aux défis contemporains grâce à la technique et au productivisme. La philosophie libertarienne, évolution radicale du néolibéralisme, s'ancre désormais dans une logique autoritaire voire antidémocratique avec le retour au pouvoir de Donald Trump en janvier 2025. Il va sans dire que le choix d'un populisme s'appuyant sur les mensonges constants n'épargne pas les questions écologiques qui disparaissent de toute trajectoire politique, y compris en France au sein du Rassemblement National. Du climatoscepticisme, nous entrons désormais dans la revendication d'un climatonégationnisme au service d'un projet de société toujours plus oligarchique. La confrontation des projets politique et culturelle ne fait ainsi que débuter.

Pour nourrir des projets de société plus désirables, nous avons passé en revue de nombreux sujets et proposé bien des pistes de solutions. Il nous faut néanmoins terminer par les perspectives les plus désirables, les idées phares que nous pouvons collectivement mettre en avant pour convaincre qu'une autre société peut être construite. Ces 10 mesures d'urgence pourraient être mises en place si une écologie politique issue d'une gauche radicale prenait le pouvoir. Elles sont résolument désirables dans le sens où elles sont relativement consensuelles au sein de la population.

1. [Santé] Un investissement sans précédent dans notre système de santé dans le but de rendre attractif les métiers du soin et le service public en général. Il s'agira également de garantir des formations de qualité pour les infirmiers et infirmières. Aussi, ces financements permettront de lutter de manière significative contre les déserts médicaux, la dégradation de l'accueil aux urgences et, de manière plus générale, contre les

---

[337] France Culture, « Hibernation spatiale : le bon gros dodo », La Méthode Scientifique, émission du 8 mars 2022.

importants délais pour de nombreux rendez-vous médicaux.

2. [Culture] La multiplication des dispositifs culturels en s'appuyant sur des lieux, des associations, des initiatives. Les objectifs seront alors de s'assurer que chaque citoyenne et citoyen ait un accès inconditionnel à la culture et que les acteurs impliqués bénéficient des moyens nécessaires au développement de leurs initiatives artistiques qui font vivre le tissu social local et, parfois, les relations internationales.

3. [Retraite] Le rétablissement de l'âge de départ à la retraite à 62 ans.

4. [Agriculture] La progression de la lisibilité et le renforcement des aides aux agriculteurs : facilitation à l'installation des jeunes, conversion à l'agriculture biologique, garantie des débouchés par la restauration collective publique (scolaire, collectivités, etc.). Cela permettra d'assurer de meilleures conditions de vie aux travailleurs du secteur primaire tout en renforçant l'accessibilité des produits issus de l'agriculture biologique.

5. [Éducation] Des efforts financiers significatifs dans l'éducation publique par la hausse de la rémunération des enseignants (pour augmenter l'attractivité de la profession), la diminution des effectifs par classe et une modernisation des infrastructures (isolation, végétalisation, dimensionnement suffisant pour l'internat et la demi-pension, etc.).

6. [Logement] La réquisition des résidences de villégiatures pour les propriétaires disposant de plus de 3 logements sur le territoire national et une lutte active contre les locations « Airbnb » dans le but de faciliter l'hébergement d'urgence. Il s'agira aussi de mettre fin à la logique de l'urbanisation galopante du fait du constat d'un manque de logements notamment à vocation sociale.

7. [Industrie] La systématisation de l'intervention d'État pour protéger les industries restantes en France et la mise en place d'instruments de marché et de niches fiscales favorisant l'installation et le développement de

secteurs essentiels ou stratégiques soigneusement sélectionnés.

8. [Travail] La diminution du temps de travail réglementaire afin de faire correspondre un temps complet à 32 heures hebdomadaires.

9. [Mobilités] La remise en état et en service de la quasi-totalité des lignes ferroviaires abandonnées ces 50 dernières années et une considérable multiplication des dessertes, en particulier dans le monde rural. Le bus devra suivre la même trajectoire et les coûts des transports en commun seront diminués afin d'être drastiquement moins importants que ceux de la voiture individuelle.

10. [Démocratie] L'organisation d'un référendum national pour l'adoption du principe du RIC (Référendum d'initiatives citoyennes), défendu par les gilets jaunes.

En somme, la transition écologique proposée dans cet ouvrage doit nous permettre d'opérer une rupture philosophique, de fuir la doctrine néolibérale et de nous inscrire dans la perspective d'une écologie politique. Le choix ne nous est plus permis : il nous faut déconstruire ce matérialisme qui nous a fait considérer nombre de produits de consommation et d'équipements simplement pratiques comme indispensables et constamment renouvelables. Cette mutation sociétale demeure un préalable essentiel à la construction d'une société basée sur une perspective collectiviste donnant toute son importance aux territoires, cela tout autant du point de vue de l'alimentation que de celui de l'énergie ou de la gouvernance. Cette direction nous permettra de dépasser des défis qui semblent insolubles et de vivre en fonction d'objectifs et de motivations que nous aurons fixées collectivement. Les lueurs ne semblent peut-être pas très grandes mais il ne revient qu'à nous de les agrandir pour les donner à voir à tout à chacun.

« Il faut, pour la marche en avant du genre humain, qu'il y ait sur les sommets, en permanence, de fières leçons de courage. Les témérités éblouissent l'histoire et sont une des grandes clartés de l'homme. L'aurore ose quand elle se lève. Tenter, braver, persister, persévérer, s'être fidèle à soi-même, prendre corps à corps le destin, étonner la catastrophe par le peu de peur qu'elle nous fait, tantôt affronter la puissance injuste, tantôt insulter la victoire ivre, tenir bon, tenir tête ; voilà l'exemple dont les peuples ont besoin, et la lumière qui les électrise. »

Victor Hugo

Définitions

Introduction

Capitalisme : système économique caractérisé par la propriété privée des moyens de production, par le rôle du marché où s'exerce une concurrence entre les agents économiques, par l'importance de l'initiative individuelle (qui n'exclut pas totalement le rôle de l'État), par la recherche et le réinvestissement systématique du profit. Notons que le capitalisme n'est pas nécessairement couplé au libéralisme économique. En revanche, il est indissociable du productivisme.

Ecologie politique : l'écologie politique est un ensemble de courants, largement diffusé depuis les années 1970, qui insiste sur la prise en compte des enjeux écologiques dans l'action politique et dans l'organisation sociale. Mouvement culturel nourri d'influences de divers mouvements (tels que le féminisme, le tiers-mondisme, le pacifisme, la non-violence, le libertarisme, l'autogestion, etc.), l'écologie devient politique lorsqu'elle appelle à une profonde transformation du modèle économique et social actuel ainsi qu'à une remise à plat des relations entre l'homme et son environnement. Ivan Illich et Jacques Ellul font partie des intellectuels précurseurs de l'écologie politique en s'opposant, entre autres, à la technologie aliénante et au productivisme.

Néolibéralisme (Milton Friedman) : développées dans les années 1960, ses idées se diffusèrent progressivement au sein des milieux politiques dans les années 1980, influençant profondément les mouvements conservateurs américains. Ses conceptions du monétarisme, de la fiscalité, des privatisations et de la déréglementation ont directement ou indirectement inspiré les politiques économiques de nombreux gouvernements à travers le monde, notamment celles de

Ronald Reagan aux États-Unis, de Margaret Thatcher au Royaume-Uni, d'Augusto Pinochet au Chili, de Mart Laar en Estonie, de Davíð Oddsson en Islande et de Brian Mulroney au Canada.

Effet rebond (Jevons) : à mesure que les améliorations technologiques augmentent l'efficacité avec laquelle une ressource est employée, la consommation totale de cette ressource croît au lieu de diminuer. Ce paradoxe implique en particulier que l'introduction de technologies plus efficaces en matière d'énergie peut, dans l'agrégat, augmenter la consommation totale de cette dernière.

Partie I

Niche fiscale / dépense fiscale : dérogation législative qui offre la possibilité à un contribuable de réduire le montant de ses impôts par rapport au cadre du régime général. Il s'agit en réalité de mécanismes visant à réduire l'impôt sans afficher de baisse générale ; ils sont plus simples à mettre en place qu'une réforme fiscale profonde.

Evasion fiscale : elle désigne l'action consistant à éviter ou à réduire l'impôt en assujettissant un patrimoine ou des bénéfices dans un pays différent de celui auxquels ils devraient être soumis. L'évasion fiscale concerne aussi bien des entreprises que des particuliers. Plus largement, elle consiste à avoir recours à différents moyens légaux en vue de diminuer une charge fiscale.

Fraude fiscale : elle consiste à se soustraire à la loi, à utiliser des procédés illégaux afin d'échapper à tout ou partie de son impôt.

Fraude sociale : elle englobe toutes les actions et tous les comportements de fraude à la Sécurité sociale. Son objectif est dans la plupart des cas de réduire le montant des cotisations payées par un employeur. La fraude aux prestations sociales, quant à elle, consiste, pour un allocataire, à obtenir des avantages injustifiés ou illégaux.

Partenariat Public Privé (PPP) : c'est est un mode de financement par lequel une autorité publique fait appel à des prestataires privés pour financer et gérer un équipement assurant un service public ou y contribuant. Le partenaire privé reçoit en contrepartie un paiement du partenaire public ou des usagers du service qu'il gère.

Partie II

Autonomie (André Gorz) : la société de consommation soumet les citoyens en les rendant consommateurs plutôt qu'acteurs et cela dans un ensemble de domaines très vaste (santé, alimentation, hygiène, etc.).

Habitus (Pierre Bourdieu) : l'habitus est le produit de la position et de la trajectoire sociale des individus. L'appartenance sociale structure les acquis et produit un habitus de classe. L'habitus primaire, constitué des dispositions les plus anciennement acquises et donc les plus durables, est construit au cours de l'enfance au sein de la famille. Sur l'habitus primaire se greffent des habitus secondaires au fil du vécu. L'habitus scolaire, par exemple, vient relayer et redoubler l'habitus familial. L'habitus n'est pas figé, il est le produit de notre expérience passée et présente.

Liberté (Hannah Arendt) : la liberté est entendue comme participation à l'activité politique et donc à la vie publique.

Modernisation de la pauvreté (Ivan Illich) : lorsqu'un bien se « démocratise » et qu'il est à la portée de la plupart des consommateurs, il est automatiquement dévalorisé ; le seuil symbolique de pauvreté est alors rehaussé et de nouveaux biens auxquels la masse n'a pas accès sont proposés. Ainsi, la rareté est sans cesse renouvelée et la société ne peut qu'engendrer toujours plus de besoins insatisfaits. Pour les classes populaires, la croissance ne représente alors qu'une promesse à jamais insatisfaite : celle d'une vie meilleure.

Normalisation disciplinaire (Michel Foucault) : avènement que redoutait Michel Foucault à travers lequel une technologie permettrait de « rendre les gens et les actes conformes au modèle » souhaité par le pouvoir.

Travail (Hannah Arendt) : le travail sert simplement à assouvir ses besoins vitaux, c'est une nécessité. Il se réfère donc uniquement à la satisfaction des besoins biologiques, et s'oppose à la liberté. Hannah Arendt craint qu'il ne devienne une quête d'abondance sans fin, subordonnée à la production et à la consommation. Cette critique de la société de consommation et cette invitation à l'autolimitation du travail préfigure l'écologie politique et la notion de simplicité volontaire.

Partie III

Contre productivité (Ivan Illich) : lorsqu'elles atteignent un seuil critique (et sont en situation de monopole), les grandes institutions de nos sociétés modernes industrielles s'érigent parfois sans le savoir en obstacles à leur propre fonctionnement ; la médecine nuit à la santé (tuant la maladie parfois au détriment de la santé du patient) ; le transport et la vitesse font perdre du temps ; l'école abêtit ; les communications deviennent si denses et si envahissantes que plus personne n'écoute ou ne se fait entendre, etc.

Remembrement du monde rural : le remembrement ou remembrement rural a pour but la constitution d'exploitations agricoles d'un seul tenant sur de plus grandes parcelles afin de faciliter l'exploitation des terres. Il vise aussi l'aménagement rural du périmètre où est mis en œuvre le regroupement des terres agricoles appartenant à un ou plusieurs agriculteurs.

Partie IV

Monopole radical (Ivan Illich) : il désigne non pas la situation monopolistique d'une marque particulière mais le monopole induit d'une ou plusieurs marques visant à modifier, contrôler et à terme à contraindre des populations à changer radicalement leurs habitudes, notamment en restreignant leurs choix et leurs libertés. Le monopole radical touche à tous les domaines de la vie quotidienne, surtout à ceux qui impliquent un acte participatif d'achat et de consommation. Il impose ainsi de nouvelles habitudes alimentaires, vestimentaires, des contraintes dans la manière de se déplacer (marche à pied et vélo supplantés par les véhicules motorisés), d'aller au spectacle (toute-puissance de la télévision), etc.

Vitesse généralisée (Ivan Illich) : en prenant en compte non seulement le temps passé à conduire une automobile, mais aussi le temps moyen passé à travailler pour l'acquérir et faire face aux frais afférents, la vitesse d'une automobile serait réellement de 6 km/h.

Conclusions et Epilogue

Dépendance au sentier (Paul Pierson) : des particularités historiques, justifiées à une époque mais qui ont cessé d'être optimales ou rationnelles, peuvent perdurer parce que les changer impliquerait un coût ou un effort trop élevé à un moment donné, alors que cela pourrait être payant à long terme.

Dissonance cognitive (Léon Festinger) : la tension interne propre au système de pensées, aux croyances, aux émotions et aux attitudes (cognitions) d'une personne lorsque plusieurs d'entre elles entrent en contradiction l'une avec l'autre. Le terme désigne également la tension qu'une personne ressent lorsqu'un comportement heurte ses idées ou ses croyances.

Soft power (Joseph Nye) : le *soft power,* ou la puissance de persuasion, repose sur des ressources intangibles telles que l'image ou la réputation positive d'un État, son prestige (souvent ses performances économiques ou militaires), ses capacités de communication, le degré d'ouverture de sa société, l'exemplarité de son comportement, ses politiques intérieures mais également sur la substance et le style de sa politique étrangère, sur l'attractivité de sa culture, de ses idées (religieuses, politiques, économiques, philosophiques), de son rayonnement scientifique et technologique.

Bibliographie

Ouvrages, thèse

- Association Négawatt, *Le manifeste Négawatt*, édition 2015, Paris : Actes Sud, 2015, 368 pages.

- BARBIER Geneviève, FARRACHI Armand, *La société cancérigène : lutte-t-on vraiment contre le cancer ?*, Paris : La Martinière, 2004, 180 pages.

- BERNAYS Edward, *Propaganda*, seconde édition, Saint-Denis : Zones, 2007, 141 pages.

- BOLTANSKI Luc, CHIAPELLO Eve, *Le nouvel esprit du capitalisme*, 1ère édition, Paris : Gallimard, 1999, 843 pages.

- BONNEUIL Christophe, FRESSOZ Jean-Baptiste, *L'événement anthropocène*, Paris : Seuil, 2013, 304 pages.

- BONNEUIL Christophe, FEYDEL Sandrine, *Prédation : Nature, le nouvel eldorado de la finance*, Paris : La Découverte, 2015, 212 pages.

- BOURDIEU Pierre, *Sur la télévision*, 1ère édition, Paris : Raisons d'agir, 1996, p. 36.

- BOURDIEU Pierre, PASSERON Jean-Claude, *La reproduction : éléments pour une théorie du système d'enseignement*, 1ère édition, Paris : Éditions de Minuit, 1970, 284 pages.

- BOURG Dominique, *Pour une 6ème République écologique*, 1ère édition, Paris : Odile Jacob, 2011, 205 pages.

- CAPLAT Jacques, *L'agriculture biologique pour nourrir l'humanité*, 1ère édition, Paris : Actes Sud, 2012, 432 pages.

- CHABOUSSOU Francis, *Les plantes malades des pesticides*, Paris : Debard, 1980, 304 pages.

- COHEN Daniel, *Homo Economicus : prophète (égaré) des temps nouveaux*, Paris : Albin Michel, 2012, 240 pages.

- COHEN Jared, SCHMIDT Eric, *A nous d'écrire demain : comment les nouvelles technologies bouleversent le monde*, 1ère édition, Paris : Denoël, 2013, 384 pages.

- CORBIN Alain, *Le Miasme et la Jonquille*, 1ère édition, Paris : Aubier, 1982, 352 pages & BARLES Sabine, *La ville délétère. Médecins et ingénieurs dans l'espace urbain, 1ère édition,* Paris : Champ Vallon, 1999, 373 pages.
- DENHEZ Frédéric, *La fin du tout voiture*, Paris : Actes Sud, 2013, 224 pages.
- DE SCHUTTER Olivier, *Le droit à l'alimentation*, Organisation des Nations-Unies, 2010, 27 pages.
- DE WAAL Frans, *Sommes-nous trop bêtes pour comprendre l'intelligence des animaux ?*, Paris : Les liens qui libèrent, 2016, 320 pages.
- DUFUMIER Marc, Famine au sud, malbouffe au nord : comment l'agriculture biologique peut nous sauver ?, 1ère édition, Paris : Nil, 2012, 196 pages.
- DUGAIN Marc, LABBE Christophe, *L'Homme nu*, 1ère édition, Paris : Plon, 2016, 192 pages.
- ECHAUDEMAISON C.D., *Dictionnaire d'économie et de sciences sociales*, 2nd édition, Paris : Nathan, 2006, 687 pages.
- EINSTEIN Albert, *Comment je vois le monde*, deuxième édition, 1958, Paris : Flammarion, 213 pages.
- FARHANGI Ramïn, *Pourquoi j'ai créé une école où les enfants font ce qu'ils veulent*, Paris : Actes Sud, 2018, 192 pages.
- FUKUDA-PARR Sakiko, JOLLY Richard, *Rapport mondial sur le développement humain*, 1ère édition, Paris : Economica, 1998, 254 pages.
- GADREY Jean, *En finir avec les inégalités*, 1ère édition, 2006, Paris : Mango Littérature, 150 pages.
- HAMILTON Clive, *Les apprentis sorciers du climat*, 1ère édition, Paris : Seuil, 352 pages.
- HUZAR Eugène, *l'Arbre de la science,* 1ère édition, Paris : Dentu, 1857, 343 pages.
- ILLICH Ivan, *La Convivialité*, seconde édition, Paris : Seuil, 1973, 160 pages.
- ILLICH Ivan, *Une société sans écoles*, 2nd édition, Paris : Points, 2015, 119 pages.

- ILLICH Ivan, *Énergie et équité*, 2d édition, Paris : Seuil, 1975, 148 pages.

- JACKSON Tim, *Prospérité sans croissance*, 2nd édition, De Boeck : Louvain-la-Neuve, 2017, 304 pages.

- KLEIN Naomi, *La stratégie du choc : la montée d'un capitalisme du désastre*, Actes Sud, 2013, 861 pages.

- LANDAIS Camille, PIKETTY Thomas, SAEZ Emmanuel, *Pour une révolution fiscale. Un impôt sur le revenu pour le XXIe siècle,* Paris : Seuil, 2011, 144 pages.

- LARROUTUROU Pierre, MEDA Dominique, *Einstein avait raison : il faut réduire le temps de travail*, 1ère édition, Ivry-sur-Seine : Éditions de l'Atelier, 2016, 225 pages.

- LEININGER-FREZAL Carole et LEFORT Isabelle, *Le développement durable et ses enjeux éducatifs : acteurs, savoirs, stratégies territoriales*, Thèse, Université Lyon II, 2009, 540 pages.

- Les désobéissants, *Désobéir à la voiture*, 1ère édition, Le château : Le passager clandestin, 2012, 59 pages.

- MEADOWS Donella, MEADOWS Denis, RANDERS Jorgen, *Les limites à la croissance (dans un monde fini),* 4ème édition, Paris : Rue de l'échiquier, 2012, 408 pages.

- MEDA Dominique, *Au-delà du PIB*, Paris : Flammarion, 2008, 276 pages.

- MICHEA Jean-Claude, *L'empire du moindre mal*, 1ère édition, Paris : Climats, 208 pages.

- MICHELET Jules, *Introduction à l'histoire universelle,* 1ère édition, Paris, Hachette, 1831, 294 pages.

- NICOLINO Fabrice, VEILLERETTE François, *Pesticides*, 1ère édition, Paris : Fayard, 2007, 384 pages.

- ODENORE, *L'envers de la « fraude sociale », le scandale du non recours aux droits sociaux*, 1ère édition, Paris : La Découverte, Novembre 2012, 180 pages.

- PEILLON Antoine, *Ces 600 milliards qui manquent à la France,* 1ère édition, Paris : Seuil, 2012, 192 pages.

- ROSTOW Walt W., *Les Etapes de la croissance économique*, 1ère édition, Paris : Seuil, 1963, 305 pages.

- SAY Jean-Baptiste, Traité d'économie politique ou simple exposition de la manière dont se forment, se

distribuent ou se consomment les richesses, Paris: Calmann-Lévy Éditeur, 1972, 580 pages.
- SERALINI Gilles-Eric, *Tous Cobayes*, 1ère édition, Paris : Flammarion, 2012, 224 pages.
- WELZER Harald, *Les guerres du climat*, 2nd édition, Paris : Folio, 2012, 448 pages.
- WOLTON Dominique, *l'autre mondialisation*, Paris : Flammarion, 2nd édition, 2010, 224 pages.
- ZIEGLER Jean, *Les nouveaux maîtres du monde et ceux qui leur résistent*, 2nd édition, Paris : Seuil, 2003, 384 pages.

Articles et rapports

- Agence Nationale de Sécurité Sanitaire, de l'Alimentation, de l'Environnement et du Travail, « Suivi des ventes de médicaments vétérinaires contenant des antibiotiques en France en 2017 », Rapport annuel, Novembre 2018, 104 pages.
- AICHI Leila, HUSSON Jean-François, « Pollution de l'air, le coût de l'inaction », Rapport n°610, *2015*, 306 pages.
- ÁRNI M., MATHIESE M., « La situation mondiale des pêches et de l'aquaculture », FAO, 2012, 261 pages.
- ASCHERIO Alberto, CHEN Honglei, WEISSKOPF Marc, O'REILLY Eilis, MC CULLOUGH Marjorie, CALLE Eugenia, SCHWARZSCHILD Michael, THUN Michael, « Pesticide exposure and risk for parkinson's disease, 2006 », Annals of neurology, août 2006, n°60, p. 197-203.
- AUGER Jacques, KUNSTMANN Jean-Marie, CZYGLIK Françoise, JOUANNET Pierre, « decline in semen quality among fertile men in Paris during the past years », The New England Journal of Medicine, 1995, n°332, p. 281-285.
- BALDI Isabelle, GRUBER Anne, RONDEAU Virginie, LEBAILLY Pierre, BROCHARD Patrick, FABRIGOULE Colette, « neuropsychologic effects of long term exposure to pesticides : *results from the 4-year follow-up of the PHYTONER Study* », Occupational and

Environmental Medicine, Novembre 2010, n°68, p. 108-115.

- BALDI Isabelle, « Pesticides et tumeurs cérébrales chez l'adulte », Colloque « Cancers professionnels » ARC, 22/03/2006.

- BARNOSKY Anthony, « Approaching a state shift in Earth's Biosphere », Nature, 7 juin 2012, n°486, p. 52-58.

- BOEDEKER, Wolfgang, WATTS Meriel, CLAUSING Peter, MARQUEZ Emily, « The global distribution of acute unintentional pesticide poisoning: estimations based on a systematic review », BMC Public Health, 9 octobre 2024, 19 pages.

- BOSSIO D., DIXON J., HINE R., MORISON J., NOBLE A., PENING DE VRIES F., PRETTY J., Environmental Science & Technology, vol. 40, n°4, 2006, 6 pages.

- BROWN Lester, « La fonte des glaciers pourrait provoquer des vagues massives de réfugiés climatiques », Earth Policy Institute, Extrait du Plan B 3.0, 2009.

- BODINEAU Bertille, « Les viols et les agressions sexuelles jugés en 2013 et 2014 en cour d'assises et au tribunal correctionnel de Bobigny », observatoire des violences envers les femmes du conseil départemental de la Seine-Saint-Denis : tribunal de grande instance de Bobigny, mars 2016, 3 pages.

- BUCHET Daniel, « Le traitement de la fraude dans les caisses d'Allocations familiales », Revue des politiques sociales et familiales, décembre 2006, n°86, p. 69-76.

- BURKE Marshall, MIGUEL Edward, SATYANATH Shanker, DYKEMA John, LOBELL David, « Warming increases the risk of civil war in Africa », PNAS, n° 49, 23 novembre 2009, 6 pages.

- CALLONEC G., LANDA G., MAILLET P., REYNET F., « L'évaluation macroéconomique des visions énergétiques 2030-2050 », ADEME, 2013, 37 pages.

- CANN Vicky, « De si confortables pantoufles bruxelloises », Le monde diplomatique, septembre 2015, n°738, p. 20-21.

- CARLSEN E., GIWERCMAN A., KEIDING N., SHAKKEBAEK N., « evidence for decreasing quality of semen during past 50 years », British Medical Journal, BMJ 1992, 1992, p. 305-609.

- CAROT Guillaume, « Lutte contre le gaspillage alimentaire : propositions pour une politique publique », 2014, 51 pages.

- CAULLET J. Y., « Conditions d'abattage des animaux dans les abattoirs français : faire la lumière sur nos abattoirs », Synthèse du rapport n°4038, septembre 2016, 9 pages.

- CHARTIER M., CLAVEL J., GOUJON-BELLEC S., GUYOT-GOUBIN A., HEMON D., LAURIER D., SERMAGE-FAURE C., RUDANT J., "Childhood leukemia around French nuclear power plants—The geocap study, 2002–2007", International Journal of Cancer, n°131, issue 5, September 2012, 13 pages.

- CHOJNICKI Xavier, DEFOORT Cécily, DRAPIER Carine, RAGOT Lionel, RAPOPORT Hillel, « Migrations et protection sociale : étude sur les liens et les impacts de court et long terme », Lille : Laboratoire Equipe, Universités de Lille, 2010, 205 pages.

- CLEVELAND C., "Net energy from the extraction of oil and gas in the united states", energy, vol. 30, 2005, p. 769-782.

- CLOUET Adrien, Chômage, « Le mythe des emplois vacants », Le Monde diplomatique, février 2015, n°731, p. 12.

- CNRS, « Surmortalité des abeilles. Une expertise met en cause le régent TS de BASF », AFP, 22 décembre 2003.

- Comité d'évaluation des dépenses fiscales et des niches sociales, « rapport du comité d'évaluation des dépenses fiscales et des niches sociales », juin 2011, 356 pages.

- Commission européenne pour l'efficacité de la Justice, « Systèmes judiciaires européens Rapport d'évaluation de la CEPEJ », 22 octobre 2024, 140 pages.

- Cour des comptes, « La politique immobilière du ministère de la justice : mettre fin à la fuite en avant », décembre 2017, 171 pages.

- CRUTZEN Paul, « Geology of mankind », *Nature,* 3 janvier 2002, n°415, p. 23.

- DE LA CASINIERE Nicolas, « Le soleil ne se couche jamais sur l'empire Vinci », Le Monde diplomatique, Mars 2005, n°744, p. 4-5.

- DEMOLI Yoann, SUBTIL Jeanne, « Mesurer la démocratisation du transport aérien en France (1974-2008) ». Sociologie, Boarding Classes, 2019.

- DIOUF Jacques, "PLANT GENETIC RESOURCES FOR FOOD AND AGRICULTURE", FAO, 2010, 398 pages.

- Direction des études et de l'évaluation, « L'accompagnement renforcé des demandeurs d'emploi : évaluation du recours aux opérateurs privés par Pôle emploi de 2009 à 2011 », Les cahiers études, Dares : Pôle Emploi, n°15, janvier 2013, 92 pages.

- DU JARDIN Patrick, PODEVIN Nancy, « Possible consequences of the overlap between the CaMV 35S promoter regions in plant transformation vectors used and the viral gene VI in transgenic plants », *GM crops and Food*, n°4, Oct/Nov/Dec 2012, p.296-300.

- DUMAY Jean-Michel, « Haro sur les contrats aidés », Manière de voir, janvier 2018, n°156, p. 60-61.

- DURAND Cédric et KEUCHEYAN Razmig, *Comment bifurquer : les principes de la planification écologique*, Paris : La Découverte, 2024, p. 48.

- EDENHOFER Ottmar, « IPCC. Summary for Policymakers » dans « Climate Change 2014, Mitigation of Climate Change Contribution of Working Group III to the Fifth Assessment Report of the Intergovernmental Panel on Climate Change », University Press, 2014, 1454 pages.

- ENGELHARDT R., TODIRESCU M., « An Introduction to Development in Alberta's Oil Sands », Edmonton: University of Alberta, 2005, School of Business, 17 pages.

- EPSTEIN R., ROBERTSON R., « the search engine manipulation effect and its possible impact on the outcomes of elections », PNAS, août 2015, 10 pages.

- FIELD Christopher, BARROS Vicente, « Changements climatiques 2014 : incidences, adaptation et vulnérabilité », GIEC, 2014, 40 pages.

- FRATACCI Lisa, NIVAT Dominique, VAYSSET Gilles, « Le surendettement des ménages : Enquête typologique 2017 », Banque de France, janvier 2018, 278 pages.

- HABREL Helmut, « Quantifying and mapping the human appropriation of net primary production in Earth's terrestrial ecosystems », National Academy of Sciences of the USA, 2007, n°104, 6 pages.

- HANUN Y., POWERS S., WU S., ZHU W., "Substantial contribution of extrinsic risk factors to cancer development", Nature, 7 janvier 2016, n°529, p. 43-47.

- HARDOON Deborah Hardoon, AYELE Sophia, FUENTES-NIEVA Ricardo, « Une économie au service des 1% », OXFAM, 18 janvier 2018, p. 4.

- HARTMANN Isabelle, « Génération sans voiture », Terra eco 61 octobre 2014, p. 42-43.

- HARRIBEY Jean-Marie, « Le cercle de l'irraison », Politis, 2 février 2012, n°1188, p. 31.

- HATEM François, « Le concept de développement durable », Cahiers du CEPII : économie prospective nationale, 4ème trimestre 1994, n°44, La Documentation Française.

- Haut Conseil du Financement de la Protection Sociale, « Lutte contre la fraude sociale : état des lieux et enjeux », juillet 2024, 238 pages.

- Havas Media, « Les Français et leurs données, quelle place pour les marques ? », 30 septembre 2014, 68 pages.

- INRA, « Evaluer l'impact des pesticides sur l'environnement », courrier de l'environnement, août 1997, n°31, 22 pages.

- International Energy Agency, "Key world energy statistics", 2017, p. 39.

- IPBES, "*IPBES Workshop on Biodiversity and Pandemics*", 29 octobre 2020, 96 pages.

- JANY-CATRICE Florence, MÉDA Dominique, PERRET Bernard, SHARPE Andrew, « Débat sur l'indice du bien-économique », Travail et Emploi, n°93, janvier 2003, 37 pages.

- JOLY Eva, « Au-delà des révélations des « Panama papers » : Pour en finir avec l'impunité fiscale », Le Monde diplomatique, n°747, juin 2016, p. 21.

- JUTZI S., "Livestock's long shadow", FAO, Rome, 2006, 416 pages.

- LAMBERT Renaud ; RIMBERT Pierre, « Jusqu'à la prochaine fin du monde », Le Monde diplomatique, Avril 2020, n°793, p. 20-21.

- LARROUTUROU Pierre, MEDA Dominique, *Einstein avait raison : il faut réduire le temps de travail*, op. cit. p. 170-171.

- LAURENS Sylvain, « Les élus passent, les eurocrates restent », Le Monde diplomatique, septembre 2015, n°738, p. 20-21.

- LEFAUCONNIER Damien, « Montée des eaux : Cuba atteint déjà la côte d'alerte », Terra eco, novembre 2013, n°52, p. 16-19.

- LEMAÎTRE Frederic, « Les États semblent impuissants face au retour des bonus », Lemonde, 11 août 2009.

- LEMOINE Vanessa, LE FLOC'H Katel, « Impacts de la pollution de l'air en France : nouvelles données et perspectives », Santé Publique France, 2016, Communiqué de presse, 2 pages.

- Générations futures, « Pesticides dans les aliments : analyses comparées d'aliments conventionnels et bios », 2011, 9 pages.

- GODDARD Stephen, « Getting There : The Epic Struggle Between Road and Rails in the American Century », University of Chicago Press, 1996, p.102-137.

- GORZ André, « l'idéologie sociale de la bagnole », Le Sauvage, septembre-octobre 1973.

- GREENLEE Anne, ARBUCKLE Tye, CHYOU Po-Huang, Po-Huang, « Risk factors for female infertility in an agricultural region » Epidemology, 2003, n°14, p. 429-436.

- GRIFFITHS Mark, « Gambling online — problem gamblers more susceptible, research shows », Nottingham Trent University, 16 septembre 2009.

- GRIMALDI André, PIERRU Frédéric, « Hôpital : le jour d'après », Le Monde diplomatique, Avril 2020, n°730, p. 17.

- GROSSETETE Matthieu, « Des accidents de la route pas si accidentels », Le Monde diplomatique, août 2016, n°749, p. 13.

- MAGALHAES Nelo, « L'autoroute et le marchand de sable », Le Monde diplomatique, n°841, avril 2024, p. 18-19.

- MARION Fabienne, « Le prix des terres : synthèse », SAFER, mai 2016, 12 pages.

- MENETON Pierre, KESSE-GUYOT Emmanuelle, MEJEAN Caroline, FEZEU Léopold, GALAN Pilar, HERCBERG Serge, MENARD Joël, "Unemployment is associated with hight cardiovascular event rate and increased all-cause mortality in middle-aged socially privileged individuals", International Archives of Occupational and Environnmental Health, 2015, n°88, p. 707-716.

- MEURISSE François, « Le climat applaudit les RTT », Terraeco, Octobre 2010, n°18, p. 17.

- MOUGEY Amélie, « La France va-t-elle turbiner à l'énergie des mers ? », Terraeco, novembre 2013, n°52, p. 14.

- OCDE, « Quels sont les déterminants du civisme fiscal ? », Fiscalité et développement, mars 2013, 20 pages.

- Office national de l'énergie, « Les sables bitumineux du Canada, Perspectives et défis jusqu'en 2015 », Office national de l'énergie, 2006, Calgary, 92 pages.

- Opinion Way, « Les Français et leur budget santé », Le Sofinscope – Baromètre opinion Way pour SOFINCO, Janvier 2013, p. 5.

- OXFAM, « Inégalités : zoom sur la situation en France », janvier 2022, 14 pages.

- OXFAM France, « Le Poids des ultra-riches dans les inégalités d'émissions en France », octobre 2024, 14 pages.

- QUIRION Philippe, « L'effet net sur l'emploi de la transition énergétique en France : une analyse input-output du scénario NégaWatt », Documents de travail, CIRED, avril 2013, n°46-2013, 41 pages.

- RAYNARD Christine, « Pour une complémentarité du rail, de la route et du fleuve au service du transport de marchandises », Centre d'analyse stratégique (CAS), septembre 2012, n°288, 12 pages.

- REKACEWICZ Philippe, « Impact of sea level rise in Bangladesh [Graphic] », GRID Ardendal, 2009.

- RIST Gilbert, *Le développement. Histoire d'une croyance occidentale*, 1ère édition, Paris : Presses de la Fondation nationale des sciences politiques, 2007, p. 359.

- RAMONET Ignacio, « Le nouveau siècle », Le Monde diplomatique, janvier 1999, n°538, p.1.

- RAVELLI Quentin, « Les dessous de l'industrie pharmaceutique », Le Monde diplomatique, Janvier 2015, n°730, p. 14-15.

- RIMBERT Pierre, « Données personnelles, une affaire politique », Le Monde diplomatique, septembre 2016, n°750, p. 3.

- ROBINE JM., CHEUNG SL,, LE ROY S., VAN OYEN H., HERRMANN FR., « Death toll exceeded 70,000 in Europe during the summer of 2003 », *Les Comptes Rendus/Série Biologies*, 2007, 15 pages.

- ROMAN-PALACIOS Cristian and WIENS John J., « Recent responses to climate change reveal the drivers of species extinction and survival », Université d'Oslo, 10 février 2020.

- Sciences & vie, « Changer le climat : les scientifiques s'y préparent », Sciences & vie, n°1213, octobre 2018, p. 64-81.

- SCHEPMAN Thibaut, « Taxe Tobin : et si la France montrait (vraiment) l'exemple ? », Terra eco, novembre 2011, n°30 p. 32-33.

- SCHEPMAN Thibaut, « L'étrange calcul de Mr Proglio », Terraeco, décembre 2011, n°31, p. 16-17.
- SIDIBE Michel, "UNAIDS DATA 2018", WHO, 2008, 376 pages.
- SLAMA R., "La fertilité des couples en France", Bulletin épidémiologique hebdomadaire, février 2012, n°7-8-9, p. 3.
- Syndicat national Solidaires Finances Publiques, « Evasions et fraude fiscal, contrôle fiscal », Janvier 2013.
- THOMAS P., « Immunologic effects of pesticides », Advances in Modern Environmental Toxicology, 1988, n°18, p. 261-295.
- TOMA Bernard, « Mortalités, effondrements et affaiblissements des colonies d'abeilles », AFSSA, 2009, 222 pages.
- UNICEF, WHO, World Bank, UN DESA Population Division, « Levels & Trends in child mortality », Report 2015, 2015, 36 pages.
- VIBERT Emmanuelle, « On peut nourrir 10 milliards d'humains en bio sans défricher un hectare », Terraeco, décembre 2012, n°42, p. 54-55.

Ressources issues du web

- Ademe.fr, https://www.ademe.fr/mix-electrique-100-renouvelable-analyses-optimisations (consulté le 27 août 2117).
- Aefinfo.fr, https://www.aefinfo.fr/depeche/693459-la-dgfip-a-perdu-plus-de-30-000-etpt-depuis-2009-les-orientations-strategiques-prevoient-3-000-suppressions-dici-2027 (consulté le 07/11/2024).
- Agencebio.org, https://www.agencebio.org/wp-content/uploads/2019/02/AgenceBio-DossierdePresse-Barometre2019.pdf (consulté le 4 janvier 2019).
- Agirpourlenvironnement.org, https://www.agirpourlenvironnement.org/campagne/duree-de-vie-des-centrales-nucleaires/pourquoi/715 (consulté le 27 août 2017).

- Alternatives-économiques.fr, https://www.alternatives-economiques.fr/leffort-demesure-de-letat-soutenir-exportations-darmes/00106050 (consulté le 22 octobre 2023).

- Alterecoplus.fr, http://www.alterecoplus.fr/social/pour-en-finir-avec-dix-idees-recues-sur-les-35-heures-201508281100-00000404.html (consulté le 28 août 2018).

- Asn.fr, https://www.asn.fr/index.php/Les-actions-de-l-ASN/Le-controle/Actualites-du-controle/Avis-d-incidents-des-installation-nucleaires/2011/Anomalie-generique-concernant-le-systeme-d-injection-de-securite (consulté le 27 août 2017).

- Catnat.net, https://www.catnat.net/presentation-de-la-bd-catnat (consulté le 4 avril 2018).

- Collectif nouvelle écologie, http://collectifnouvelleecologie.fr/, consulté le 1er novembre 2017.

- Economie.gouv.fr, https://www.economie.gouv.fr/lutte-contre-fraude-evasion-fiscales/lutte-contre-evasion-fiscale (consulté le 27 aout 2017).

- Economist.com, https://www.economist.com/britain/2015/03/12/bargain-basement (consulté le 27 août 2017).

- Financespubliques.fr, http://www.financespubliques.fr/glossaire/terme/revenusolidariteactive/ (consulté le 27 août 2017).

- Francetvinfo.fr, https://www.francetvinfo.fr/societe/justice/du-travail-dissimule-a-l-epr-de- flamanville_845503.html (consulté le 27 août 2017).

- Fr.statista.com, https://fr.statista.com/statistiques/1474845/interets-dette-remboursement-france/ (consulté le 07/11/2024).

- Fr.statista.com, https://fr.statista.com/statistiques/1306075/migrants-deces-mediterranee/ (consulté le 07/11/2024).

- Fr.wikipedia.org, https://fr.wikipedia.org/wiki/Compagnie_des_tramways_%C3%A9lectriques_d%27Avignon#Longueur_des_lignes (consulté le 27 août 2017).
- Ipbes.net, https://ipbes.net/pandemics-marquee (consulté le 25/11/2020).
- Insee.fr, https://www.insee.fr/fr/statistiques/3633212 (consulté le 07/11/2024).
- Insee.fr, https://www.insee.fr/fr/statistiques/6678112 (consulté le 23 octobre 2023).
- Inserm.fr, https://www.inserm.fr/actualites-et-evenements/actualites/impact-consommation-viande-rouge-ne-serait-pas-limite-risque-cancer-colorectal (consulté le 27 août 2017).
- Jancovici.com, https://jancovici.com/transition-energetique/l-energie-et-nous/lenergie-de-quoi-sagit-il-exactement/ (consulté le 27 août 2017).
- Kitegine.com, http://www.kitegen.com/en/ (consulté le 27 août 2017).
- Lefigaro.fr, http://www.lefigaro.fr/sciences/2009/06/10/01008-20090610ARTFIG00390-le-declindes-oiseaux-se-poursuit-en-france-.php (consulté le 27 août 2017).
- Latribune.fr, https://www.latribune.fr/opinions/tribunes/20130404trib000757615/entre-20-et-30.000-milliards-de-dollars-caches-dans-les-paradis-fiscaux.html (consulté le 26 août 2017).
- Latribune.fr, https://www.latribune.fr/entreprises-finance/les-grands-patrons-ont-deja-gagne-plus-que-le-salarie-moyen-en-une-annee-628605.html (consulté le 27 août 2017).
- Lefigaro.fr, http://www.lefigaro.fr/conjoncture/2018/08/15/20002-20180815ARTFIG00064-en-italie-un-reseau-routier-vieillissant-et-neglige.php (consulté le 27 août 2017).

- Legifrance.gouv.fr, https://www.legifrance.gouv.fr/.../12/30/DEVP1429850A/jo/texte (consulté le 27 août 2017).

- Lemonde.fr, https://www.lemonde.fr/archives/article/2003/05/23/les-avis-de-peter-drucker-et-warren-buffett_4262305_1819218.html?xtmc=peter_drucker_gourou_du_management&xtcr=3 (consulté le 27 août 2017).

- Lemonde.fr, https://www.lemonde.fr/archives/article/2001/12/07/quand-le-petrole-disparaitra_4223260_1819218.html (consulté le 21 mai 2022).

- Lemonde.fr, https://www.lemonde.fr/economie/article/2013/05/27/impots-sur-les-societes-idees-fausses-et-vrais-enjeux_3418091_3234.html (consulté le 26 août 2017).

- Lemonde.fr, https://www.lemonde.fr/politique/article/2013/10/14/sondage-les-francais-face-aux-impots_3494960_823448.html (consulté le 26 août 2017).

- Lemonde.fr, https://www.lemonde.fr/politique/article/2018/06/12/la-fin-de-l-exit-tax-pourrait-etre-plus-couteuse-qu-initialement-annonce_5313825_823448.html (consulté le 20 décembre 2018).

- Lemonde.fr, http://www.lemonde.fr/idees/article/2011/06/10/l-assistanat-est-un-faux-sujet_1534171_3232.html#VDLULyHXdHhYxH6J.99 (consulté le 27 août 2017).

- Lemonde.fr, https://www.lemonde.fr/panama-papers/article/2016/04/03/panama-papers-comment-le-monde-a-travaille-sur-plus-de-11-millions-de-fichiers_4894836_4890278.html (consulté le 26 août 2017).

- Lemonde.fr http://www.lemonde.fr/idees/article/2011/06/10/l-assistanat-est-un-faux-sujet_1534171_3232.html#VDLULyHXdHhYxH6J.99 (consulté le 27 août 2017).

- Lemonde.fr, https://www.lemonde.fr/argent/article/2013/11/29/la-magie-des-niches-fiscales-ou-comment-faire-disparaitre-l-impot_3522609_1657007.html (consulté le 27 août 2017).

- Lemonde.fr, http://www.lemonde.fr/actualite-medias/article/2015/09/07/150-postes-menaces-par-un-plan-social-au-sein-du-groupe-altice-media_4748222_3236.html (consulté le 27 août 2017).

- Lemonde.fr, https://www.lemonde.fr/sciences/article/2015/09/14/les-tablettes-a-eloigner-des-enfants_4756882_1650684.html (consulté le 28 août 2018).

- Lemonde.fr, http://www.lemonde.fr/societe/article/2014/01/06/affaire-dassault-cinq-questions-pour-comprendre_4343550_3224.html (consulté le 27 août 2017).

- Lemonde.fr, https://www.lemonde.fr/medecine/article/2015/01/20/c-ur-artificiel-succes-medical-et-mediatique_4559611_1650718.html (Consulté le 27 août 2014).

- Lemonde.fr, https://www.lemonde.fr/planete/article/2013/12/16/chalutage-profond- une-ong-souhaite-une-prise-en-compte-du-vote-corrige_4335454_3244.html (consulté le 27 août 2017).

- Lemonde.fr, https://www.lemonde.fr/les-decodeurs/article/2018/12/11/pourquoi-la-viande-est-elle-si-nocive-pour-la-planete_5395914_4355770.html (consulté le 28 août 2018).

- Lemonde.fr, https://www.lemonde.fr/planete/article/2020/11/07/co

ronavirus-le-danemark-decide-d-abattre-17-millions-de-visons_6058853_3244.html (consulte le 8 novembre 2020).
- Lemonde.fr, https://www.lemonde.fr/idees/article/2018/08/13/monsanto-un-jugement-salutaire_5341961_3232.html?xtmc=monsanto_papers&xtcr=1 (consulté le 27 août 2017).
- Lemonde.fr, https://www.lemonde.fr/planete/article/2012/08/15/a-tchernobyl-les-effets-sont-plus-grands-sur-les-generations-recentes_1746262_3244.html (consulté le 27 août 2017).
- Lemonde.fr, https://www.lemonde.fr/europe/article/2016/03/26/les-sites-nucleaires-belges-cibles-potentielles-des-terroristes_4890475_3214.html (consulté le 27 août 2017).
- Lemonde.fr, https://www.lemonde.fr/energies/article/2016/07/11/stockage-radioactif-de-bure-un-conflit-a-vie-longue_4967828_1653054.html (consulté le 27 août 2018).
- Lemonde.fr, http://www.lemonde.fr/planete/article/2011/08/31/epr-de-flamanville-des-malfacons-dans-les-constructions_1565609_3244.html (consulté le 27 août 2017).
- Lemonde.fr, https://www.lemonde.fr/pollution/article/2017/10/11/la-pollution-de-l-air-cause-encore-plus-de-500-000-morts-par-an-en-europe_5199226_1652666.html?utm_campaign=Lehuit&utm_medium=Social&utm_source=Twitter (consulté le 27 août 2017).
- Lemonde.fr, http://www.lemonde.fr/planete/article/2014/03/25/la-pollution-de-l-air-a-cause-7-millions-de-morts-en-2012-selon-l-oms_4389025_3244.html (consulté le 27 août 2017).

- Lemonde.fr,
http://www.lemonde.fr/idees/article/2015/12/04/les-energeticiens-veulent-ils-vraiment-developper-le-renouvelable_4824482_3232.html#bwLzSKVjebOM6Vzm.99 (consulté le 27 août 2017).

- Lemonde.fr,
http://www.lemonde.fr/planete/article/2012/10/29/l-avenir-de-la-centrale-nucleaire-de-fessenheim-est-loin-d-etre-joue_1782610_3244.html (consulté le 27 août 2017).

- Lemonde.fr,
https://www.lemonde.fr/idees/article/2021/08/08/elon-musk-don-quichotte-d-un-nihilisme-planetaire-adule-par-l-ignorance-d-une-societe-en-totale-deconnexion-avec-la-realite-scientifique_6090885_3232.html?fbclid=IwAR0qLmPN0hcIEFnVr0-KwSjE3gLvGUWxnblHVyYSoI7_aYWGmvYQtE5_H28 (consulté le 22 mars 2022).

- Leparisien.fr,
http://www.leparisien.fr/economie/impots/l-assemblee-vote-la-nouvelle-taxe-a-75-sur-les-tres-hauts-revenus-18-10-2013-3238321.php (consulté le 27 août 2018).

- Lepoint.fr, http://www.lepoint.fr/auto-addict/innovations/le-rapporteur-de-l-onu-sur-l-alimentation-reclame-l-arret-des-bicarburants-en-ue-17-10-2012-1517902_652.php (consulté le 27 août 2017).

- Lesechos.fr,
https://www.lesechos.fr/14/12/2011/LesEchos/21079-040-ECH_les-marques-mettent-la-pression-sur-le-coton.htm (consulté le 27 août 2017).

- Lesechos.fr,
https://www.lesechos.fr/07/03/2014/LesEchos/21642-126-ECH_les-entreprises-du-cac-40-cumulent-pres-de-50-milliards-d-euros-de-benefices.htm (consulté le 27 août 2017).

- Lexpansion.lexpress.fr,
https://lexpansion.lexpress.fr/actualite-

economique/les-lobbies-qui-tiennent-la-france_1409758.html (consulté le 27 août 2017).
- Lexpress.fr, https://www.lexpress.fr/actualite/societe/environnement/pesticides-les-francais-en-ont-plein-le-sang_972072.html (consulté le 27 août 2017).
- Liberation.fr, http://www.liberation.fr/futurs/2013/12/17/une-employee-d-amazon-raconte-la-peur-organisee_967185 (consulté le 27 août 2017).
- Liberation.fr, https://www.liberation.fr/societe/2000/10/09/le-gaucho-reconnu-tueur-officiel-des-abeilles_339994 (consulté le 27 août 2017).
- Liberation.fr, http://www.liberation.fr/terre/2013/11/26/arretons-les-agrocarburants-ils-polluent-et-en-plus-ils-affament_962215 (consulté le 27 août 2017).
- Monenergie.net, https://selectra.info/energie/guides/conso/consommation-moyenne-electricite/tout-electrique (consulté le 27 août 2017).
- Pole-emploi.org, statistiques.pole-emploi.org/stmt/publication (consulté le 27 août 2017).
- Reporterre.net, https://reporterre.net/Auto-electrique-la-grande-arnaque (consulté le 27 août 2017).
- Sciencesetavenir.fr, https://www.sciencesetavenir.fr/nature-environnement/la-france-toujours-championne-des-pesticides-en-europe_15335 (consulté le 27 août 2018).
- Sciencesetavenir.fr, https://www.sciencesetavenir.fr/nature-environnement/diesel-il-empeche-les-abeilles-de-butiner_11405 (consulté le 27 août 2017).

- Statistiques.developpement-durable.gouv.fr, http://www.statistiques.developpement-durable.gouv.fr/fileadmin/documents/Sujets_transversaux/Developpement_durable/Indicateurs_de_developpement_durable/IDD_territoriaux/2014/iddt-pesticides-eaux-douces-3.pdf (consulté le 27 août 2017).
- Syndicat-librairie.fr, http://www.syndicat-librairie.fr/l_emploi_c_est_en_librairie (consulté le 27 août 2017).
- Vie-publique.fr, https://www.vie-publique.fr/en-bref/289063-dispositifs-fiscaux-comment-mieux-evaluer-les-niches-fiscales (consulté le 23 octobre 2023).
- Who.int, http://www.who.int/news-room/detail/19-05-2016-life-expectancy-increased-by-5-years-since-2000-but-health-inequalities-persist (consulté le 27 août 2017).

Conférence, documentaires, émission

- CHARTOIRE Emmanuelle, GEOFFRION David, MARTINO Fanny, « To bee or not to be », France 2, 2018, 42 minutes.
- Conférence de STEFFEN Will, « The Anthropocene : Where on Earth are we going ? », 10 janv. 2013, Berlin, Haus der Kulturen der Welt.
- DE HALLEUX Alain, « Tchernobyl forever », Arte, 2011, 52 minutes.
- DIAZ Philippe, *La fin de la pauvreté ?,* Cargo Films, 2010, 104 minutes.
- France Culture, « Hibernation spatiale : le bon gros dodo », La Méthode Scientifique, émission du 8 mars 2022.
- FOX John, « Gasland [DVD] », 2011, 107 minutes.
- IMHOOF Markus, « Des abeilles et des hommes [DVD] », 2013, 91 minutes.

- LE FUSTEC Nolwenn, TANANT Loïc, « Marchés Publics : le grand dérapage », Cash Investigation, 18 octobre 2016.

- Page des Sciences, « Boris Prégel : l'utilisation civile de l'énergie nucléaire », Radiodiffusion Télévision Française, 02 novembre 1961, 10 minutes.

- RAIMBAULT Marie-Pierre, « Le scandale du gaspillage alimentaire », Arte, 2012.

- ROBIN Marie-Monique, « Le monde selon Monsanto [DVD] », ARTE, 2008, 109 minutes.

Structures éditoriales du groupe L'Harmattan

L'Harmattan Italie
Via degli Artisti, 15
10124 Torino
harmattan.italia@gmail.com

L'Harmattan Hongrie
Kossuth l. u. 14-16.
1053 Budapest
harmattan@harmattan.hu

L'Harmattan Sénégal
10 VDN SICAP AMITIE 3
BP 45034 Dakar-Fann
direction@senharmattan.com

L'Harmattan Cameroun
Tsinga/Derrière polyclinique FECAFOOT
BP 11486 Yaoundé
Jacques.koukam@harmattan.fr

L'Harmattan Burkina Faso
Villa 281, secteur 23 623, rue 14.32
Ouagadougou
zagbie@outlook.fr

L'Harmattan Guinée
Almamya, rue KA 028 OKB Agency
BP 3470 Conakry
harmattanguinee@yahoo.fr

L'Harmattan RDC
185, avenue Nyangwe
Commune de Lingwala – Kinshasa
matangilamusadila@yahoo.fr

L'Harmattan Congo
219, avenue Nelson Mandela
BP 2874 Brazzaville
deunovmikhael@gmail.com

L'Harmattan Mali
Immeuble Mgr Jean Marie Cissé
Aci Hamadallaye
BP 145 Bamako
syllaka@yahoo.fr

L'Harmattan Togo
Djidjole – Maison Amela
face EPP BATOME
02 BP 20680 Lomé
didieramela11@gmail.com

L'Harmattan Côte d'Ivoire
Résidence Karl – Cité des Arts
Abidjan-Cocody
03 BP 1588 Abidjan
harmattan.ivoire@gmail.com

L'Harmattan Bénin
Rue 604, (Immeuble à l'entrée
de la rue UCAO- Cite de Saint-Jean)
Cotonou
stepcorpus@gmail.com

Nos librairies en France

Librairie internationale
16, rue des Écoles
75005 Paris
librairie.internationale@harmattan.fr
01 40 46 79 11
www.librairieharmattan.com

Librairie des savoirs
21, rue des Écoles
75005 Paris
librairie.sh@harmattan.fr
01 46 34 13 71
www.librairieharmattansh.com

www.ingramcontent.com/pod-product-compliance
Lightning Source LLC
LaVergne TN
LVHW010927061026
849535LV00007B/2274
9782336512297